Kinesiologie

Leben mit ganzer Kraft

Gabriele Förder
Gabriele Neuenfeld

Körper & Seele

Wohlbefinden durch Energiebalance
–
Positiv und wach durch den Alltag

GU

Dieses Buch zeigt Ihnen Mittel und Wege, wie Sie für Körper, Seele und Geist einen Ausgleich zum Alltagsstreß finden können. Mit den kinesiologischen Übungen schöpfen Sie neue Kräfte, die Ihnen helfen, Ihr Leben erfüllter zu gestalten. Bei länger anhaltenden Beschwerden oder massiven psychischen Problemen nehmen Sie bitte die Hilfe eines Arztes oder Therapeuten in Anspruch.

Inhalt

Gesund durch Berührung

Diese Buch beschreibt einen neuartigen Weg zu mehr »Gipfelerlebnissen« und persönlichen Spitzenleistungen. Jeder kann diesen Weg in seinem täglichen Leben nutzen.
Seit ich die Selbsthilfemethode Touch-for-Health (TfH) entwickelt habe, ist die Grundidee, Berührungstechniken bekannt zu machen, die Gesundheit und Wohlbefinden stärken, auch in viele andere Bereiche der Kinesiologie übertragen worden.
Gabriele Neuenfeld habe ich als Seminarteilnehmerin bei einem Touch-for-Health-Kurs, den ich in dem renommierten Institut für Angewandte Kinesiologie in Kirchzarten gab, kennengelernt. In Zusammenarbeit mit der auf dem Gebiet der Kinesiologie versierten Medizinjournalistin Gabriele Förder hat sie ein Buch vorgelegt, das diese Methoden einer breiten Öffentlichkeit zugänglich macht. Ihre Erfahrungen als TfH-Anwenderin, Heilpraktikerin, Mutter und langjährige Mitarbeiterin in einer Kinderarztpraxis geben diesem Buch eine solide Grundlage, auf die Sie vertrauen können.
Beschränken Sie sich nicht darauf, das Buch, das Sie jetzt in Händen halten, zu lesen. Wenden Sie die beschriebenen Techniken an und achten Sie auf die Veränderungen in Ihrem Leben. Die einfach anmutenden „Berührungen« können positive, manchmal unglaublich scheinende Veränderungen in Ihrem Leben bewirken. Ihre Selbstheilungskräfte werden gestärkt und Sie erholen sich schneller, falls Sie doch einmal krank werden.
Wenn Sie tiefer in die TfH-Methode einsteigen wollen, können Sie sich in Seminaren fortbilden, wie dies immer mehr Menschen tun. Inzwischen wurden Seminare in 62 Ländern abgehalten, und mein eigenes Buch (»Gesund durch Berühren«) wurde in 19 Sprachen übersetzt. Und falls Sie mehr als die Selbsthilfemethode Touch-for-Health benötigen sollten: Es gibt viele professionelle Anwender von spezialisierten Verfahren im deutschsprachigen Raum.
Ich wünsche Ihnen, daß die vielfältigen Methoden der Kinesiologie auch Ihnen und Ihrer Familie zu mehr Wohlbefinden und einem frohen, erfüllten Leben verhelfen.

Dr. John F. Thie
Malibu, California/USA
Begründer der kinesiologischen Selbsthilfemethode Touch-for-Health

Ein Wort zuvor

Fühlen Sie sich oft gestreßt, unausgeglichen und erschöpft? Haben Sie manchmal das Gefühl, eher gelebt zu werden als zu leben? Wünschen Sie sich ein erfüllteres Leben, wissen aber nicht, woher Sie die Kraft nehmen sollen, das zu leben, was Ihnen wichtig ist? Dann kann Ihnen die Kinesiologie helfen, dem alltäglichen Streß etwas entgegenzusetzen und Ihr Potential zu entfalten.

Die Kinesiologie, eine natürliche Methode zur Aktivierung und Harmonisierung der eigenen Energie, wird immer beliebter. Mehr und mehr Menschen erkennen, daß ihnen kinesiologische Techniken dabei helfen, sich wohler zu fühlen und leichter mit Streß und Alltagsbelastungen fertig zu werden. Kinesiologie ist kein Allheilmittel, aber sie regt die Selbstheilungskräfte durch sanfte Energiebalance an. Besonders gut eignet sie sich zur Gesundheitsvorsorge, aber auch bei streßbedingten Beschwerden kann sie Linderung bringen.

In diesem Buch zeigen wir Ihnen spezielle Übungen und Techniken, die Sie dabei unterstützen, energiegeladen und wach durch den Alltag zu gehen. Sie lernen, sich schnell und effektiv zu entspannen und Ihre »Batterien« wieder aufzuladen. Außerdem finden Sie Tips zur »Ersten Hilfe« bei Verdauungsbeschwerden, Schmerzen aller Art oder psychischen Belastungen. So können Sie manchen Griff zur Tablette und manche zusätzliche Tasse Kaffee zugunsten Ihrer Gesundheit vermeiden.

Dieses Buch möchte ein Begleiter in Ihrem Alltag sein. Wir wenden uns sowohl an Kinesiologie-Einsteiger als auch an Menschen, die bereits einen Touch-for-Health-Kurs gemacht haben und nach einem Übungsbuch suchen. Alle kinesiologischen Techniken werden so erklärt, daß sie auch ohne Muskeltest und damit ohne Testpartner wirkungsvoll anwendbar sind. Sie finden dennoch eine ausführliche Darstellung der Technik des Muskeltestens - für alle, die mit diesem faszinierenden Werkzeug nähere Bekanntschaft machen möchten.

Viel Spaß und Erfolg beim Üben!

Gabriele Neuenfeld, Heilpraktikerin, Touch-for-Health-, Three-in-One-Concepts- und Brain-Gym-Lehrerin

Gabriele Förder, Redakteurin und freie Medizinjournalistin

Was ist Kinesiologie?

Mehr Energie für alles, was Ihnen in Ihrem Leben wichtig ist. Gesund und ausgeglichen den Alltag bewältigen. Das eigene Potential ausschöpfen: So lautet das Programm der Kinesiologie.

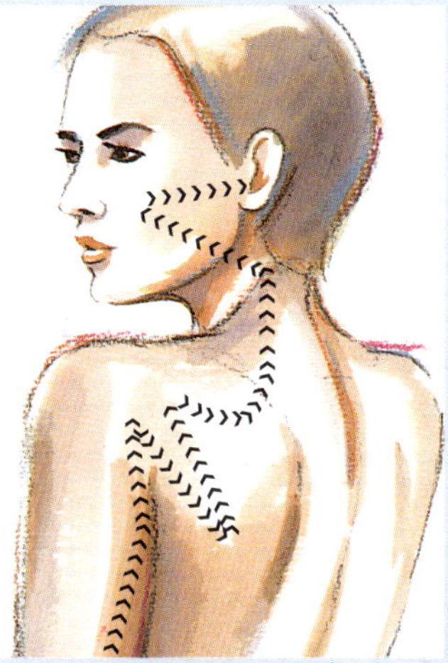

Eine moderne Selbsthilfemethode

Die Kinesiologie sieht den Menschen als Einheit von Körper, Seele und Geist. Das heißt konkret: Was wir denken und fühlen, wirkt sich auch auf unser körperliches Wohlbefinden aus. Umgekehrt beeinflußt unser körperlicher Zustand unsere geistig-seelische Verfassung. Die Kinesiologie vertraut auf die innere Intelligenz unseres Organismus, sich selbst zu heilen. Ihre Methoden beruhen darauf, diese Selbstheilungskräfte des Körpers zu unterstützen und anzuregen.

Altes und neues Wissen

Keine Frage, der Name Kinesiologie ist ein Zungenbrecher und wenig geeignet für Rückschlüsse, es sei denn meist falsche: Mit China hat Kinesiologie nur insofern etwas zu tun, als die Methode ebenso wie die traditionelle chinesische Medizin die Lebensenergie Qi als einen wesentlichen Bestandteil der menschlichen Gesundheit betrachtet. Diese Energie, die in bestimmten Bahnen - den Meridianen - fließt, durchströmt den Körper in einer gleichmäßigen Bewegung. Äußere Einwirkungen, zum Beispiel körperliche oder seelische Überlastung, bringen das Qi ins Stocken: Es entsteht ein Energieungleichgewicht oder eine Energieblockade in den Meridianen. Bestehen solche Blockaden über längere Zeit, so kann es nach chinesischer Vorstellung zu organischen Beschwerden und Krankheit kommen.
Ein ausgeglichener Energiehaushalt im menschlichen Organismus ist auch nach der kinesiologischen Lehre die beste Garantie dafür, gesund und leistungsfähig zu bleiben. Die Kinesiologie geht davon aus, daß der menschliche Organismus die Kraft hat, sich selbst zu regulieren. In diesem Prozeß spielt Qi eine wichtige Rolle: Die wichtigsten kinesiologischen Techniken regen durch die Aktivierung der Lebensenergie in erster Linie die Selbstheilungskräfte des Patienten an. Dabei verbindet die Kinesiologie jahrtausendealtes Erfahrungswissen der traditionellen chinesischen

»Der Körper ist verzwickt einfach und einfach verzwickt. Wenn Du die richtige Methode für den richtigen Zustand verwendest, erhältst Du die richtige Antwort.«

(George Goodheart)

Medizin mit neuen wissenschaftlichen Erkenntnissen, zum Beispiel aus der Streß- und Gehirnforschung.

Was das Wort »Kinesiologie« bedeutet

Was aber heißt »Kinesiologie«? Das Wort kommt vom griechischen »-kin«, was Bewegung bedeutet. Es steht in der Heilkunde für Bewegungslehre und Untersuchung der Reaktionsweise bestimmter Körpermuskeln. Kinesiologie als therapeutische Methode befaßt sich in speziellen Muskeltests ebenfalls mit der Reaktionsweise von Muskeln. Mit solchen Muskeltests kann der ausgebildete Kinesiologe Energieblockaden in den Meridianen identifizieren.

Als ganzheitliche Methode berücksichtigt die Kinesiologie nicht nur die körperlichen Symptome eines Menschen, sondern ebenso seinen emotionalen, mentalen, biochemischen und umweltbedingten Zustand (Triade der Gesundheit, siehe Seite 31). Professionelle Kinesiologen wissen, daß die kurzfristige Beseitigung von Symptomen häufig nicht die Lösung des eigentlichen Problems ihrer Patienten darstellt. So lassen sich zum Beispiel Rückenschmerzen, die aufgrund seelischer Belastungen entstanden sind, nicht allein durch Massagen oder Schmerzmittel kurieren. Erst wenn die eigentliche Ursache, die sich häufig hinter körperlichen Beschwerden »versteckt«, entdeckt wird, hat der Betroffene die Chance, wieder gesund zu werden. Der Muskeltest zeigt dem Behandler dabei den Weg, den der Patient bei der Lösung des Problems beschreiten muß.

Die Kinesiologie läßt sich vielseitig einsetzen. Für Laien bietet sie die Möglichkeit, ihre Gesundheit zu fördern und zu verbessern. In der Hand eines professionellen Behandlers läßt sich die Kinesiologie als Biofeedback-System beschreiben, mit dem sich - ergänzend zur Schulmedizin - gesundheitliche Störungen beurteilen, behandeln und beheben lassen. Die kinesiologischen Methoden wirken entspannend und helfen dabei, gesund und leistungsfähig zu bleiben.

Arbeitet man mit der Kinesiologie als Selbsthilfemethode, ist es nicht unbedingt notwendig, schwache Muskeln mit dem Muskeltest zu identifizieren. Die Korrekturtechniken und Übungen lösen bestehende Energieungleichgewichte in der Regel auf, womit das Ziel der Behandlung auch ohne Muskeltest erreicht ist.

Die Grundlagen der Kinesiologie

Die Entwicklung der Kinesiologie entspricht einer sich immer stärker ausprägenden Tendenz dieses Jahrhunderts - nämlich Bestehendes, Altes und Neues zu einem harmonischen Ganzen zu verbinden, so unterschiedlich und unvereinbar die einzelnen Elemente zunächst auch scheinen. So ist die Kinesiologie keine moderne Erfindung, sondern eine Selbsthilfemethode, die verschiedene jüngere und ältere Wurzeln hat. Um die Kinesiologie und ihre Besonderheit zu verstehen, ist es zunächst wichtig, die unterschiedlichen Wurzeln einzeln zu betrachten. Die wesentlichen Bestandteile der Kinesiologie stammen aus der traditionellen chinesischen Medizin und der Chiropraktik. Aber auch Erkenntnisse aus der Gehirn- oder Streßforschung spielen eine bedeutsame Rolle.

»Ein Baum, der so dick ist, daß Du ihn gerade noch umfassen kannst, stammt aus einem kleinen Samenkorn; eine Reise von tausend Meilen beginnt mit einem kleinen Schritt.«

(Laozi)

Die chinesische Energielehre

Die Vorstellung einer die Natur und alles Leben - vom kleinsten Mikroorganismus bis zu den kosmischen Geschehnissen - regulierenden Urkraft oder Urenergie ist bei allen Völkern dieser Erde anzutreffen.
Bei den alten Chinesen entwickelte sich aus dieser Vorstellung die Philosophie des Daoismus. Als Urheber dieser Philosophie gilt Laozi, der in seinem Werk »Daodejing« die Grundprinzipien des Daoismus formulierte. Übersetzt bedeutet »Dao« soviel wie »Weg« - der sich ewig wandelnde Weg des Lebens, der keinen Anfang und kein Ende hat. Als göttliches Prinzip und stets gegenwärtiger Ursprung des Lebens ist das Dao gleichzeitig Weg und Ziel, immer zugleich Anfang und Ende, Einheit und Wandel einer alles durchdringenden Lebensenergie. Das jahrtausendealte Symbol für das Dao ist die Monade, die Ureinheit, aus der sich die »1000 Dinge« entwickeln. Lebenspendender Hintergrund aller Geschehnisse des Alltags bleibt die eine Energie, die alles umfängt und durchdringt.

Yin und Yang

Das Dao, die eine Urenergie, kann aber nur im Wandel sein, wenn es sich in zwei gegensätzliche Qualitäten teilt, die aber doch untrennbar miteinander verbunden sind und sich gegenseitig bedingen. Gäbe es diese Gegensätze nicht, würde das Leben stillstehen. Die Chinesen nennen diese Polaritäten Yin und Yang. Yin ist das Dunkle, Weibliche, Passive; es symbolisiert die Erde, das Wasser, den Mond, die Nacht, Kälte und Winter; es steht für innen. Yang ist das aktive Element; es drückt sich aus im Männlichen, Warmen, Hellen, in der Sonne, im Feuer, im Himmel und Sommer; es steht für außen.

Zwei Eigenschaften kennzeichnen diese beiden Grundenergien des Lebens:

- Zum einen bedingen sie sich gegenseitig; das heißt, ohne Yin kann es kein Yang geben und umgekehrt ohne Yang kein Yin: ohne Weg kein Ziel, ohne Anfang kein Ende, ohne Gut kein Schlecht, ohne Hart kein Weich, ohne Dunkel kein Hell, ohne Kalt kein Warm, ohne Schwach kein Stark. Yang trägt also immer auch Yin in sich und Yin immer auch Yang.
- Zum anderen sind Yin und Yang in ständiger Bewegung; das heißt, während Yin zunimmt, nimmt Yang ab, und umgekehrt. Zugleich bestimmt auch immer das Ausmaß oder die Stärke von Yin die Stärke von Yang und umgekehrt: Licht ruft Schatten hervor, und je intensiver das Licht, desto härter der Schatten. In diesem andauernden Wechsel von Zunahme und Abnahme drückt sich der ewige Fluß des Dao aus und gestalten sich alle Dinge des Lebens.

Die Monade ist eine Momentaufnahme: Das dunkle Yin trägt bereits den Samen für das helle Yang in sich und umgekehrt. Yin und Yang sind ständig im Fluß.

Alles in der Natur ist also geprägt von einem ständigen Wandel der Energie - von Yin-Energie und Yang-Energie. Einklang zwischen Yin und Yang herrscht dann, wenn diese Energie gleichmäßig und ausgewogen fließt. Dieser »Zustand« von Gleichmäßigkeit und Ausgewogenheit bedeutet, auf den menschlichen Organismus übertragen, Gesundheit.

Störungen im Fluß der Lebensenergie

Das gleichmäßige Fließen der Yin- und Yang-Energie in uns kann allerdings gestört oder sogar unterbrochen werden: sowohl durch äußere als auch durch innere Einflüsse wie eine ungesunde Lebensweise, andauernden Streß und fortgesetzte Überlastung, ungünstige Lebensumstände, aber auch eine nicht bewältigte, negative Vergangenheit, übertriebene Erwartungen oder hartnäckige Ängste. Wenn diese störenden Einflüsse über eine längere Zeit anhalten, so daß der Organismus sie nicht mehr ausgleichen kann, können körperliche oder auch geistig-seelische Krankheiten die Folge sein.

Die Meridiane

Nach chinesischer Auffassung fließt das Qi, die Lebensenergie, im menschlichen Organismus in sogenannten Meridianen oder Leitbahnen. Meridiane sind als feine Kanäle vorstellbar, die den ganzen Körper wie ein Netz durchziehen und miteinander verbunden sind. Dabei unterscheiden die Chinesen innere und äußere Meridianverläufe. Für die Kinesiologie - wie auch für die Akupunktur - sind nur die äußeren Verläufe von Belang. Über sie und vor allem über Akupunkturpunkte kann Einfluß auf den Energiefluß genommen werden.
Wie Stromleitungen sind die Meridiane im Abstand von etwa zwei Zentimetern von der Körperoberfläche von einem elektromagnetischen Feld umgeben. Funktionsweise und Beschaffenheit dieser Energiebahnen sind noch unklar.

Die Meridiane sind zwar für das Auge unsichtbar. Sie können aber mit Hilfe bestimmter Verfahren wie elektrischer Hautwiderstandsmessung, radioaktiver Isotopen-Markierung oder Thermographie nachgewiesen werden.

Die Hauptmeridiane

Die Chinesen unterscheiden 12 Hauptmeridiane und acht sogenannte außerordentliche Gefäße. Die Hauptmeridiane sind im Chinesischen nach ihrer besonderen Energiequalität und ihrem Verlauf benannt, zum Beispiel »Kleines Yang des

Fußes« oder »Großes Yin der Hand«. Im Deutschen tragen sie hingegen in den meisten Fällen den Namen des ihnen zugeordneten Organs beziehungsweise Funktionskreises.
Dies trägt oftmals zur Verwirrung oder Verunsicherung bei, da zum Beispiel der Funktionskreis Milz im Sinne der chinesischen Medizin sehr viel mehr umfaßt als das Organ Milz in der westlichen Medizin. Stellt man also eine energetische Blockade im Milz-Pankreas-Meridian fest, bedeutet dies keineswegs, daß das Organ Milz oder die Bauchspeicheldrüse von dieser Störung betroffen sein muß. Mit dem Funktionskreis Milz werden in der chinesischen Medizin nämlich unter anderem Verdauungsprobleme, Bindegewebsschwäche, Durchblutungsstörungen, schwere und kraftlose Gliedmaßen, aber auch geistige Schwerfälligkeit, Konzentrationsschwäche, Neigung zum Grübeln und zu übertriebenem Nachdenken in Verbindung gebracht.
Geraten Sie also nicht in Panik, wenn Sie bei sich zum Beispiel eine Blockade im Herzmeridian feststellen. In den allermeisten Fällen weist dies nicht auf eine organische Erkrankung des Herzens hin, sondern auf eine Störung innerhalb des Funktionskreises Herz. Einige Zuordnungen zu den Funktionskreisen können Sie der Tabelle im Abschnitt über die Fünf Elemente entnehmen (siehe Seite 18).
Es gibt sechs Yin- und sechs Yang-Meridiane, die jeweils doppelseitig, das heißt auf der linken und auf der rechten Seite des Körpers verlaufen. Der Verlauf jedes Meridians ist auf den Abbildungen zu der Übung »Meridianmassage« (Seite 46ff.) dargestellt.
Die 12 Hauptmeridiane heißen:
Magenmeridian (Yang), Milz-Pankreas-Meridian (Yin), Herzmeridian (Yin), Dünndarmmeridian (Yang), Blasenmeridian (Yang), Nierenmeridian (Yin), Kreislauf-Sexus-Meridian (Yin), Dreifacher-Erwärmer-Meridian (Yang), Gallenblasenmeridian (Yang), Lebermeridian (Yin), Lungenmeridian (Yin), Dickdarmmeridian (Yang).
Für die Kinesiologie sind außerdem zwei einfach in der Körpermitte verlaufende außerordentliche Gefäße von Bedeutung:
Zentralgefäß (Yin), Gouverneursgefäß (Yang).

»Willst Du Dich am Ganzen erquicken, mußt Du das Ganze im Kleinsten erblicken.«

(Goethe)

Die 12 paarigen Meridiane gehen ineinander über. Sie bilden einen eigenen Energiekreis. Zentral- und Gouverneursgefäß haben eine Sonderstellung. Das Zentral- oder auch Konzeptionsgefäß wird als »Meer (Sammelbecken oder Speicher) der Yin-Energie«, der aufsteigenden Energie bezeichnet. In ihm findet der Austausch beziehungsweise Ausgleich der Yin-Energie statt.
Das Gouverneurs- oder auch Lenkergefäß steht in direkter Beziehung zu allen Yang-Meridianen. Es heißt auch »Meer der Yang-Energie«. Hier geschieht der Austausch beziehungsweise Ausgleich der Yang-Energie.

Die Fließrichtung der Energie

Yin-Energie fließt von unten nach oben, Yang-Energie fließt von oben nach unten, wobei man sich einen Menschen mit nach oben ausgestreckten Armen vorstellen muß.

Abhängig davon, in welche Richtung die Energie in einem Meridian fließt, handelt es sich um einen Yin- oder Yang-Meridian.
Dort, wo ein Meridian endet, beginnt in seiner unmittelbaren Nähe ein anderer Meridian, in dem die Energie in entgegengesetzter Richtung fließt. Jeder Meridian hat also einen Anfangs- und einen Endpunkt. So beginnt beispielsweise der Herzmeridian (Yin) unter der Achselhöhle und endet am inneren Nagelfalzwinkel des kleinen Fingers. Der Dünndarmmeridian, der dem Yang-Prinzip zugeordnet ist, beginnt dementsprechend am äußeren Nagelfalzwinkel des kleinen Fingers und fließt zum Ohr. Nach diesem Prinzip sind die 12 Meridiane auf dem sogenannten Meridian-Rad angeordnet.

Maximalenergie zu einer bestimmten Tageszeit

Die Chinesen gehen davon aus, daß die doppelseitigen, also in beiden Körperhälften verlaufenden 12 Meridiane jeweils zu einer bestimmten Tageszeit innerhalb des Energiekreislaufs die meiste Energie erhalten. Innerhalb von 24 Stunden wird der Energiekreislauf der 12 Meridiane einmal durchlaufen. Das heißt, jeder Meridian hat für ungefähr zwei Stunden maximale Energie.
Im Meridianrad ist jedem der 12 Meridiane eine bestimmte Uhrzeit zugeordnet, zu der er seine »Maximalenergie« hat. Diese Uhrzeiten sind Erfahrungswerte der traditionellen chinesischen Medizin (siehe Tageszeitbalance, Seite 41).

Das Meridianrad spiegelt den Fluß der Meridianenergie wider. Jedem Meridian entspricht ein Abschnitt auf der »Rad-Felge«. Zentral- und Gouverneursgefäß bilden die »Radnabe«. Diese beiden Meridiane gehören nicht zum Kreis, beeinflussen aber die anderen 12 Energiebahnen.

Die Fünf Elemente

Um die Zunahme und Abnahme von Energie in der Natur und im Menschen, das Werden und Vergehen, das Wirken von Yin und Yang also, genauer unterscheiden und beurteilen zu können, entwickelten die alten Chinesen das System der Fünf Elemente, das sich auf alle Erscheinungen des Lebens anwenden läßt.

Jeder weiß, daß Holz das Feuer nährt; Wasser hingegen löscht das Feuer; damit Holz entstehen kann, ist Wasser nötig; Wasser nährt also Holz; gäbe es aber keine Erde, die das Wasser hält und nicht spurlos versickern läßt, könnte Holz nicht durch Wasser genährt werden; Metall kommt aus der Erde und vermag Holz zu zerteilen.

Diese Wechselbeziehungen der Naturelemente Holz, Feuer, Erde, Metall und Wasser übertrugen die Chinesen in zwei sich gegenseitig bedingende Zyklen: den nährenden, schaffenden Zyklus, den Sheng-Zyklus, und den kontrollierenden Zyklus, den Ko-Zyklus.

Der Sheng-Zyklus

Die Fünf Elemente Holz, Feuer, Erde, Metall und Wasser gehen in diesem Zyklus jeweils auseinander hervor und bilden einen aufbauenden Kreislauf. Auf die Entstehung des Universums angewandt, bedeutet dies zum Beispiel:
In der Geburtsphase des Universums entstand das Element Holz. Holz steht für alles, was wächst. In der Wachstumsphase des Universums entstand aus Holz Feuer: Feuer steht für Gase, vor allem für Luft. In der Phase des Erwachsenseins entstand durch die Wirkung des Feuers Erde: der Erdboden, der das Leben erhält. In der Zersetzungsphase wurde aus Erde Metall - alle anorganische Materie, die durch Zersetzung des Bodens entsteht. In der Todesphase entsteht aus der Zusammenwirkung der anorganischen Materie Wasser - hiermit sind alle Flüssigkeiten gemeint.

Im Kreislauf der Fünf Elemente spiegelt sich der Entstehungs-, Reifungs- und Zerfallsprozeß aller Vorgänge im Menschen und in der Natur. Der Sheng-Zyklus sorgt für einen ausreichenden Energiefluß, der Ko-Zyklus verhindert, daß ein Element zuviel Energie erhält.

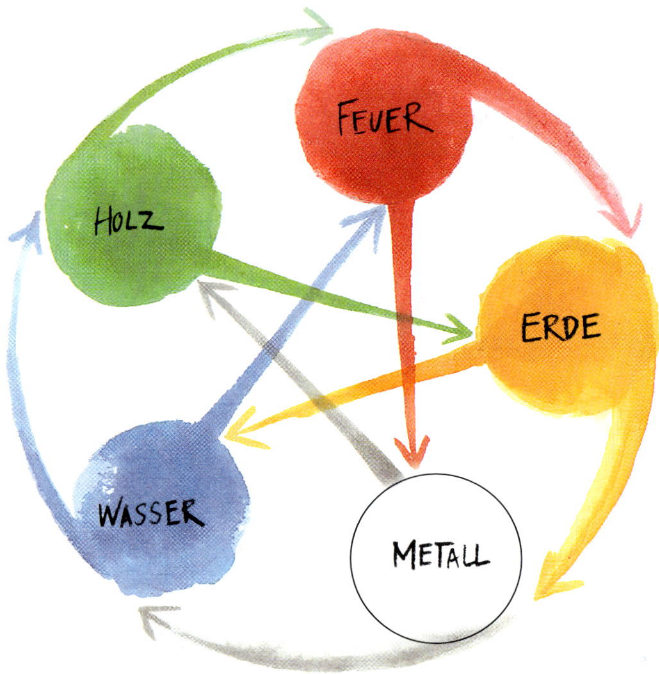

Der Kreislauf von Sheng- und Ko-Zyklus

Die Todesphase ist gleichzeitig die Phase der Wiedergeburt, in welcher der Kreislauf von neuem beginnt.

Der Ko-Zyklus

Der schaffende Kreislauf - der Sheng-Zyklus - ist gekoppelt an den kontrollierenden Kreislauf, den Ko-Zyklus. Im Ko-Zyklus kontrolliert jedes Element das übernächste, das auf dem Kreis folgt. Der Ko-Zyklus wird durch einen fünfzackigen Stern dargestellt.

Im Ko-Zyklus kontrolliert Holz Erde, indem es sie mit Wurzeln durchzieht. Erde kontrolliert Wasser, indem sie es hält und speichert (zum Beispiel Seen). Wasser kontrolliert Feuer, indem es dieses löscht. Feuer kontrolliert Metall, indem es dies schmilzt. Metall kontrolliert Holz, indem es dies spaltet (Axt).

Durch das Zusammenspiel von Sheng- und Ko-Zyklus hält sich das System der Fünf Elemente im Gleichgewicht. Der Sheng-Zyklus sorgt dafür, daß genügend Energie fließt, der Ko-Zyklus regelt durch seine Kontrolle, daß kein Element zuviel Energie hat.

Die Fünf Elemente und ihre Zuordnungen

Seiner energetischen Qualität entsprechend können jedem der Fünf Elemente bestimmte Erscheinungsformen des Lebens zugeordnet werden.

Es läßt sich leicht nachvollziehen, daß das Element Feuer mit dem Sommer in Verbindung steht; ihm werden aber auch das Lachen, die Freude, die Leidenschaft oder die Farbe Rot zugeordnet. Jedem Element entsprechen eine Farbe, ein Geschmack, eine Reihe von Nahrungsmitteln, ein Gefühl, eine Lautäußerung, auch ein Klima, eine Jahreszeit, ein Planet oder eine Himmelsrichtung (siehe Tabelle Seite 18).

Jedem der Fünf Elemente werden auch bestimmte Meridiane zugeordnet - und zwar jeweils ein Yin- und ein Yang-Meridian. So gehören etwa zum Erdelement der Milz-Pankreas-Meridian (Yin) und der Magenmeridian (Yang), zum Metallelement der Lungenmeridian (Yin) und der Dickdarmmeridian (Yang) und zum Wasserelement der Nierenmeridian (Yin) und der Blasenmeridian (Yang).

Den Fünf Elementen sind unter anderem verschiedene menschliche Emotionen zugeordnet. So steht das Element Holz für Wut, das Element Feuer für Freude, Erde steht für Denken, Metall für Trauer und Wasser für Angst.

Die wichtigsten Zuordnungen zu den Fünf Elementen

	Holz	Feuer	Erde	Metall	Wasser
Jahreszeit	Frühling	Sommer	Spätsommer	Herbst	Winter
Himmelsrichtung	Osten	Süden	Mitte	Westen	Norden
Klima	Wind	Hitze	Feuchtigkeit	Trockenheit	Kälte
Farbe	Grün	Rot	Gelb/ Braun	Weiß/ Hellgrau	Schwarz/ Blau
Geschmack	sauer	bitter	süß	scharf	salzig
Organe/ Funktionskreise	Leber Gallenblase	Herz Dünndarm	Milz Magen	Lunge Dickdarm	Niere Blase
Emotion	Wut	Freude	Denken	Trauer	Angst
Stimmlicher Ausdruck	Schreien	Lachen	Singen	Weinen	Stöhnen
Gewebe	Sehnen	Adern	Muskeln	Haut	Knochen
Öffnet sich in	Augen	Zunge	Mund	Nase	Ohren

Angenommen, bei einem Menschen wird ein Energieungleichgewicht im Lebermeridian festgestellt. Der Lebermeridian gehört zum Holzelement, dem auch die Emotion Wut und das Schreien als stimmlicher Ausdruck zugeordnet sind. Es ist gut möglich, daß der betreffende Mensch Schwierigkeiten damit hat, seine Wut auszudrücken.

Die Fünf-Elemente-Lehre in der Kinesiologie

Über diese zahlreichen Zuordnungen eröffnen sich für den kinesiologisch arbeitenden Therapeuten und für den Selbstanwender viele Möglichkeiten, um Unausgewogenheiten im Energiefluß zu erkennen und mit Hilfe bestimmter Techniken auszugleichen. So kann der kinesiologisch behandelnde Therapeut beispielsweise eine energetische Unter- oder Überversorgung in bestimmten Meridianen feststellen und durch die Arbeit an bestimmten Reflexpunkten das Ungleichgewicht der Energien im Körper korrigieren. Diese Arbeit heißt in der Kinesiologie »Balance« oder »Korrektur«. Um eine solche Balance wirkungsvoller zu machen, kann der Therapeut nun zusätzlich Zuordnungen aus den Fünf Elementen, zum Beispiel Farben (Farbenbalance, siehe Seite 76), Gefühle oder Laute einsetzen.
Indem Farben oder Emotionen in eine Balance oder Korrektur einbezogen werden, können Energieungleichgewichte, die aufgrund emotionaler Überlastungen entstanden sind, besonders wirkungsvoll ausgeglichen werden. Denn in diesem Augenblick läßt der Mensch Gefühle zu, die er vielleicht vorher unbewußt unterdrückt hat.

Streß bestimmt unser Leben

Neben der chinesischen Energielehre sind Erkenntnisse aus der Streßforschung wichtiger Bestandteil der Kinesiologie. Denn Streß - je nach Intensität und Dauer - hat eine unmittelbare Wirkung auf den Fluß unserer Lebensenergie.

Was ist Streß?

Streß zu haben, bedeutet im heutigen Sprachgebrauch, daß wir uns unwohl und unter Druck gesetzt fühlen. Eigentlich ist der Begriff »Streß« aber wertneutral.
Nach dem Streßforscher Hans Selye (1907 bis 1982) ist Streß eine lebensnotwendige Anpassungsreaktion des Körpers auf jede an ihn gerichtete Anforderung. Diese Reaktion können wir nicht beeinflussen, sie läuft automatisch ab. In diesem Sinn stehen wir unter Streß, sobald wir morgens aufstehen und unser Körper einer Anforderung gerecht werden muß. Von unserer persönlichen körperlichen und geistig-seelischen Verfassung hängt es ab, wie viele Stressoren - also Anforderungen, an die wir uns anpassen müssen - wir verkraften. Übersteigen die Stressoren ein bestimmtes Maß oder halten sie über längere Zeit an, kommt es zu der immer gleichen Streßreaktion.

Der Körper im Alarmzustand

Im Streßzustand produziert die Nebenniere vermehrt Streßhormone wie Cortisol und Adrenalin. Diese Hormone lösen bestimmte körperliche Veränderungen aus. So beschleunigt sich die Atmung und wird flacher, die Muskeln spannen sich an, der Blutdruck steigt, der Stoffwechsel verlangsamt sich. Dieser Mechanismus ist uralt und hat nur einen Sinn: daß wir bei Gefahr unser Leben durch Flucht oder Kampf retten können.
Indem sie alle unsere Kräfte schlagartig für Flucht oder Kampf mobilisiert, hilft uns die Streßreaktion, in gefährlichen Situationen »unsere Haut zu retten«. Sie ist ein genetisches Erbe und ermöglichte beispielsweise dem Steinzeitmenschen die lebensrettende Flucht vor einem wilden Tier. Obwohl unsere heutigen Streßsituationen ganz anders aussehen, tragen wir dieses Erbe immer noch in uns. Die körperlichen Reaktionen auf den Streß sind immer gleich.

!

Auch Hunger, Durst oder Müdigkeit erzeugen Streß. Sind unsere Grundbedürfnisse nicht erfüllt, ist mit uns »nicht gut Kirschen essen«. Babys und Kinder unterdrücken ihre Grundbedürfnisse nicht, sondern machen lauthals darauf aufmerksam, wenn diese nicht erfüllt werden.

Streßsymptome

Während unsere Vorfahren die Streßhormone im Blut durch intensive körperliche Anstrengung (Flucht oder Kampf) abbauen konnten, bleiben wir heutzutage buchstäblich auf diesen körpereigenen Stoffen sitzen. Wird der Streß nicht abgebaut, und kommt ständig neuer hinzu, fehlt die nach der Streßreaktion natürliche Entspannungsphase. Das führt auf Dauer zu den typischen Streßsymptomen: Muskelverspannungen, Kopfschmerzen, innere Unruhe, Blähungen, Verstopfung oder Durchfälle. Schädliche Giftstoffe bleiben länger im Körper.

Auch die Psyche reagiert auf Streß. Wenn uns alles über den Kopf wächst, sind wir nicht mehr fähig, einen klaren Gedanken zu fassen. In Ruhe nachdenken können wir ja, wenn die »Gefahr« vorüber ist. In der Streßsituation aber handeln wir, ohne lange zu überlegen – eine Tatsache, die wir oft bereuen, wenn unser Kopf wieder klar ist. Unter Streß fühlen wir uns überfordert, reagieren gereizt und sind häufig niedergeschlagen. Der natürliche Antrieb, etwas in Angriff zu nehmen, fehlt. Auch kleinere Aufgaben kosten uns unendlich viel Überwindung und Kraft. Ein deutliches Zeichen, daß es höchste Zeit wird, etwas dagegen zu tun.

TIP

Streß wird auch durch intensive körperliche Anstrengung und Bewegung abgebaut. Ob Sie sich nun für Jogging, Walking, Tennis oder Squash entscheiden, bleibt Ihnen überlassen. Suchen Sie aus, was zu Ihnen paßt.

Dauerstreß macht krank

Wird die Nebenniere durch Dauerstreß dazu angeregt, ständig Hormone auszuschütten, reagiert sie nach einiger Zeit selbst auf schwache Stressoren mit voller Kraft. Man kann sie mit einer kleinen Fabrik vergleichen, die stets unter Volldampf arbeitet, bis ihr eines Tages der Strom ausgeht. Dann fühlt sich auch der Mensch schlapp und erschöpft, weil die Nebenniere schon bei leichtem Streß überfordert ist. Häufig wird die Müdigkeit im Lauf des Tages mit Kaffee unterdrückt. Die Betroffenen sind dann abends total aufgedreht, und der Kreislauf beginnt von neuem. Wer solche Symptome an sich beobachtet, sollte unbedingt therapeutische Hilfe in Anspruch nehmen, um einer möglichen Nebennierenschwäche vorzubeugen.

Dauerstreß heißt ständige Alarmbereitschaft: Schlafstörungen mit häufigem Aufwachen treten auf, Konzentrationsprobleme sind typisch. Auch die ständige Muskelanspannung hat Konsequenzen. Sie führt zu Haltungsveränderungen, zu Kopf-, Nacken- und Rückenschmerzen. Die beschleunigte Atmung ist weniger tief, das heißt, die inneren Organe werden im Streßzustand weniger mit Sauerstoff versorgt, die Durchblutung geht zurück. Das wirkt sich negativ auf unser Wohlbefinden und die Funktion der betroffenen Organe aus.

Streß hat viele Gesichter

Stressoren, also alle Faktoren, die im Körper die Streßreaktion auslösen können, sind sehr variabel. Manchen sind wir alle gleichermaßen ausgesetzt. Dazu gehören zum Beispiel Lärm, Luftverschmutzung oder die Belastung unserer Lebensmittel mit Chemikalien. Mögliche Stressoren sind aber auch Ausnahmesituationen im Leben, mit denen jeder von uns konfrontiert werden kann, wie der Tod eines Angehörigen, die Trennung vom Lebenspartner, Arbeitslosigkeit oder der Umzug in eine fremde, neue Umgebung. Auch die Auseinandersetzung des einzelnen mit den Anforderungen des Alltags ist häufig streßgeprägt. Termindruck, das Gefühl, die anstehenden Aufgaben nicht mehr zu schaffen, Ärger mit einem Kollegen oder an den Nerven zerrende Kinder bringen den Organismus immer wieder auf Hochtouren. Auf der anderen Seite können aber auch Eintönigkeit, Langeweile und Unterforderung im Leben oder bei der Arbeit zu Stressoren werden.

TIP

Packen Sie Ihren Terminkalender nicht zu voll, und planen Sie die für Entspannungsphasen notwendige Zeit konsequent mit ein.

Unterschiedliche Stressoren

In der Regel entstehen Stressoren also immer durch Veränderungen unserer Lebensumstände, die eine angemessene (körperliche, geistige oder seelische) Anpassung erfordern. Treten in kürzerer Zeit mehrere oder gravierende Veränderungen in unser Leben, kann es passieren, daß unsere Kraft für die Anpassung erschöpft ist und unser Gesundheitszustand sich verschlechtert. Wie stark die automatische Reaktion unseres Organismus abläuft, hängt von der Stärke des Stressors oder der Stressoren ab und davon, wie lange sein oder ihr Einfluß auf uns anhält.
Streß ist etwas sehr Individuelles. Ob wir in einer kritischen Situation gelassen bleiben können oder ob sie in unserem Organismus eine Streßreaktion auslöst, hängt wesentlich

Es hängt von unserer Individualität und unserer persönlichen Lebenssituation ab, ob wir eine Situation als negativ oder als positiv erleben und bewerten. Es gibt Menschen, die sich erst dann wohl fühlen, wenn sie viel »um die Ohren« haben. Anderen hingegen wird schon die kleinste Veränderung in ihrem Leben zuviel.

davon ab, wie wir unsere Lage wahrnehmen. Diese Wahrnehmung wird entscheidend geprägt von unseren Erfahrungen, unserer Erziehung, unseren Neigungen und Bedürfnissen. Was den einen also streßt, läßt den anderen unberührt.
Häufig wissen wir genau, was uns streßt: Zum Beispiel eine bevorstehende Prüfung, die Angst vor neuen Herausforderungen, Ärger und Streit im Büro oder in der Familie. Vielleicht ist es aber auch nur ein unerfreulicher Anruf, der an einem hektischen Tag das Faß zum Überlaufen bringt. Dann rasten wir aus, fahren aus der Haut und sind total schlecht drauf. Es gibt aber auch Stressoren, die schon so zur Gewohnheit geworden sind, daß wir sie gar nicht mehr bewußt wahrnehmen. Dazu gehören zum Beispiel die tägliche Fahrt im Berufsverkehr, das stundenlange Sitzen im Büro oder die ständige Sorge um einen geliebten Menschen. Die Streßreaktion in unserem Körper läuft automatisch ab, auch wenn uns gar nicht bewußt ist, wodurch sie ausgelöst wurde.
Aber nicht nur äußere Einflüsse können in uns eine Streßreaktion auslösen, sondern auch unsere eigenen Gedanken und Gefühle wie Ärger, Ungeduld oder Angst. Wenn Sie sich über Ihren Nachbarn ärgern, wenn Sie das Ergebnis einer ärztlichen Untersuchung erwarten - in all diesen Situationen stehen Sie unter Streß.

Eustreß und Dystreß

Streßforscher fanden heraus, daß die automatische Streßreaktion in unserem Organismus nicht nur durch negative Einflüsse ausgelöst wird. Sie läuft in gleicher Weise ab, wenn positive Einflüsse auf uns einwirken. Den positiven Streß nannten die Forscher Eustreß, den negativen Dystreß. Streß kann also auch beflügeln. Das Gefühl, eine Herausforderung anzunehmen, intensiv an der Lösung eines Problems zu arbeiten, mit Überzeugung sein Leben zu verändern oder ein freudiges Ereignis wie die Geburt eines Kindes - all dies kann ungeahnte Energien in uns mobilisieren und uns zu Höchstleistungen befähigen.
Also auch Freude und Glück oder angenehme Erwartungen versetzen unseren Organismus in Alarmbereitschaft, das heißt in Unruhe und in die Bereitschaft, zu reagieren und zu handeln.

Wichtig ist allerdings in beiden Fällen - im Eustreß wie im Dystreß -, daß sich Anspannung und Entspannung harmonisch abwechseln, daß wir die in der Anspannung angesammelten Stoffe in der Entspannung wieder abgeben. Dann sind wir gesund, und unsere Energien sind im Gleichmaß.

Streß in der Kinesiologie

Die Kinesiologie geht davon aus, daß negativer Streß (Dystreß) den freien Fluß der Lebensenergie in unserem Organismus behindert. Dadurch kann es zu körperlichen und/oder geistig-seelischen Blockaden kommen. Halten diese Blockaden über längere Zeit an, sind gesundheitliche Störungen die Folge. Ist der Energiefluß aber im Gleichgewicht, fühlen wir uns wohl und sind gesund. Streß stört also dieses gleichmäßige Fließen der Lebensenergie.
Sinn der kinesiologischen Techniken ist, durch Streß verursachte Blockaden im Energiefluß aufzulösen und Ihr allgemeines Energieniveau dadurch wieder anzuheben. Das hilft Ihnen, die täglichen Anforderungen besser zu erfüllen und gesund zu bleiben.

Streß bringt uns aus dem Gleichgewicht. Findet der Organismus nicht mehr aus eigener Kraft wieder in die Balance zurück, kann es zu Energieblockaden und langfristig zu Krankheit kommen.

Gesundheit - der freie Fluß der Lebensenergie

In der Kinesiologie werden gesundheitliche Störungen, die sich sowohl auf der körperlichen als auch auf der geistig-seelischen Ebene zeigen können, begriffen als ein durch übermäßigen Streß hervorgerufenes energetisches Ungleichgewicht im »System« Mensch. Im Gegensatz dazu ist Gesundheit im kinesiologischen Sinn die Fähigkeit unseres Organismus, sich an ihn gestellten Anforderungen immer wieder anzupassen und in ein ausgeglichenes Fließen der Lebensenergie zu finden.
Weil in der Kinesiologie davon ausgegangen wird, daß der menschliche Organismus die Fähigkeit hat, sich selbst zu regulieren, sollen ihre wichtigsten Techniken durch die Aktivierung der Lebensenergie vor allem die Selbstheilungskräfte des Menschen anregen. Ein ausgeglichener Energiehaushalt ist nach der kinesiologischen Lehre die beste Garantie dafür, gesund und leistungsfähig zu bleiben.

Die Entwicklung der Kinesiologie

Die Anfänge der Kinesiologie liegen etwa 60 Jahre zurück. Seit dieser Zeit hat sich die Kinesiologie zu einem umfassenden Anwendungssystem entwickelt, das sich in verschiedene Spezialbereiche gliedert.

Die von Dr. Terence Bennet gefundenen Reflexpunkte bezeichnete Dr. George Goodheart, der Begründer der Angewandten Kinesiologie, als neurovaskuläre Punkte.

Die Chiropraktik

Die Kinesiologie wurzelt ursprünglich in der Chiropraktik. Der Chiropraktiker oder Chirotherapeut arbeitet in erster Linie mit den Händen. Mit Hilfe bestimmter Techniken behandelt er Störungen und Beschwerden am Bewegungsapparat. Die Chirotherapie geht davon aus, daß die Position der Wirbelsäule einen entscheidenden Einfluß auf die menschliche Gesundheit hat. In ihren Anfängen arbeitete die Chirotherapie, die zu Beginn des 19. Jahrhunderts von Daniel D. Palmer entwickelt wurde, daher vorwiegend mit Haltungs- und Wirbelsäulenkorrekturen. Im Lauf der Zeit entwickelte sie sich weiter in Richtung Gesundheitsvorsorge und nahm zahlreiche andere Methoden in ihr Konzept auf. Ein Beispiel dafür ist die Arbeit an den sogenannten Reflexpunkten. So fand der Chirotherapeut Dr. Terence Bennet in den 30er Jahren heraus, daß durch die Massage oder das Berühren bestimmter Reflexpunkte auf der Haut die Durchblutung in bestimmten Organen angeregt werden konnte. Diese Reflex- oder »neurovaskulären« Punkte liegen in der Mehrzahl am Kopf. Berührt man sie, verbessert sich über die Stimulierung des Nervensystems (»neuro-«) die Durchblutung (»-vaskulär« bedeutet zu den Blutgefäßen gehörend) im Gehirn und in verschiedenen Organen. Es war der Begründer der Angewandten Kinesiologie, George Goodheart, der den energetischen Zusammenhang zwischen neurovaskulären Punkten, bestimmten Körpermuskeln, Meridianen und damit auch Organen erkannte. Indem man die neurovaskulären Punkte behandelt, verbessert sich auch der Energiefluß in den ihnen zugehörigen Meridianen. Solche Reflexpunkte spielen in der Kinesiologie eine wichtige Rolle.

Die »Angewandte Kinesiologie«

Dr. George Goodheart, ein aus Detroit (USA) stammender Chiropraktiker, entwickelte Anfang der 60er Jahre die »Angewandte Kinesiologie«. Er kombinierte bereits bekannte chirotherapeutische Behandlungsmethoden, zum Beispiel die Arbeit an Reflexpunkten, mit der chinesischen Energielehre und machte dabei ganz neue Entdeckungen: Bei der Behandlung eines Patienten mit chronischen Schmerzen in der Schulter bemerkte Goodheart, daß er die Reaktionsweise eines bestimmten Muskels durch die gezielte Massage spezieller Reflexzonen oder Akupunkturpunkte verändern konnte. In der Regel hatte man in der Chirotherapie immer direkt am verkrampften, schmerzenden Muskel gearbeitet, den man letztlich für die Verschiebung der Wirbelsäule aus ihrer natürlichen Position verantwortlich machte.

Das »Nachspannen« der schwachen Feder

Goodheart fand nun heraus, daß nicht in jedem Fall der verkrampfte, schmerzende Muskel selbst die Ursache ist, sondern vielmehr sein Gegenspieler, der zu schwach ist. Ist zum Beispiel ein Hüftmuskel verkrampft, weil sein Gegenspieler schwach ist, nehmen wir eine Schonhaltung ein. Dadurch werden wieder andere Muskeln stärker belastet, und die gesamte Körperhaltung verändert sich. Das hat Auswirkungen auf die Position der inneren Organe und die in ihnen ablaufenden Stoffwechselprozesse - das ganze System ist aus dem Gleichgewicht geraten. Goodheart arbeitete deshalb am schwachen Muskel, den er über die Massage von Reflex- oder Akupunkturpunkten wieder stärken konnte, so daß die Schmerzen verschwanden.

In der Kinesiologie wird dieses Zusammenspiel eines Muskelpaares gerne mit dem Beispiel einer Pendeltüre erklärt: Zwei gleich starke Federn (Muskeln) sorgen dafür, daß die Tür im Gleichgewicht bleibt. Mit ihrer Hilfe kann die Tür auch nach links beziehungsweise rechts bewegt werden. Hat nur eine der beiden Federn (einer der beiden Muskeln) nicht mehr genug Spannung, ist die Tür in Ruhestellung nicht mehr in der Mitte, sondern sie verzieht sich in Richtung der stärkeren Feder. Der stärkere Muskel verkrampft sich und verursacht Schmerzen. Dagegen hilft nur, die

Der Chirotherapeut Dr. George Goodheart nannte das von ihm entwickelte Behandlungsverfahren »Angewandte Kinesiologie«. Inzwischen hat sich dafür der Begriff Kinesiologie eingebürgert.

schwache Feder nachzuspannen, damit das Gleichgewicht wiederhergestellt ist. Goodhearts Methode ist mit diesem »Nachspannen« der schwachen Feder vergleichbar.

Muskeln und Meridiane - energetisch verbunden

Aufgrund seiner Untersuchungen und Erfahrungen erweiterte Goodheart das Energiemodell der chinesischen Akupunkturlehre. Diese geht davon aus, daß in den Energiebahnen, den Meridianen, die Energie fließt, die einen Organismus am Leben und gesund erhält. Die Meridiane stehen nach dem Verständnis der chinesischen Medizin energetisch mit den Organen in Verbindung. Ist der Fluß der Lebensenergie in einem Meridian blockiert, wirkt sich das langfristig auch negativ auf das davon betroffene Organ aus. Die Behandlung bestimmter Akupunkturpunkte, die auf den Meridianen liegen, dient dazu, solche Energieblockaden aufzulösen - der Organismus kann sich dann aus eigener Kraft regenerieren.

Dr. George Goodheart fand heraus, daß in diesem Energiekreislauf auch die Muskeln eine Rolle spielen. Auch sie sind über die Meridiane mit den Organen verbunden. Schwache, also energetisch unterversorgte Muskeln deuten auf eine Energieblockade im dazugehörigen Meridian hin. Sie werden in der Kinesiologie mit Hilfe verschiedener Muskeltests identifiziert. Der Sinn der kinesiologischen Behandlung ist, über die Anregung der Lebensenergie die schwachen Muskeln zu stärken. Das geschieht durch die Massage von Akupunktur- oder Reflexpunkten oder mittels anderer Behandlungstechniken, die Energieblockaden auflösen sollen. In der Kinesiologie wie in der chinesischen Medizin gilt, daß länger währende Energieblockaden nicht nur das körperlich-seelische Wohlbefinden beeinträchtigen, sondern auf Dauer auch zu organischen Erkrankungen führen können.

Die Zuordnung von Muskeln zu Organen

Aufgrund seiner therapeutischen Erfahrungen entwickelte Goodheart ein System, in dem einzelne Muskeln bestimmten Organen zugeordnet werden. Denn es hatte sich gezeigt, daß bei Patienten mit gleichartigen Beschwerden beim Muskeltest auch die gleichen Muskeln schwach waren.

»Der Mensch besitzt ein Potential zur Wiederherstellung durch die seinem Organismus innewohnende innere Intelligenz. Diese Regenerationsfähigkeit, mit der er ausgestattet ist, wartet nur auf unsere Hand, unser Herz und unseren Geist, um zur Entfaltung zu kommen, und erlaubt die Wiederherstellung der Gesundheit, die im Menschen natürlicherweise angelegt ist.«

(George Goodheart)

Zum Beispiel testete bei Menschen mit Magenproblemen in der Regel der Große Brustmuskel (Pectoralis major clavicularis) schwach. Sobald Goodheart bestimmte Reflexpunkte massiert hatte, war der Brustmuskel im Test wieder stark. Deshalb ordnete er diesen Muskel dem Magenmeridian und damit auch dem Organ Magen zu. Aus diesen Erkenntnissen entwickelte er ein ganzheitliches System von Zuordnungen: Bestimmte Muskeln stehen energetisch in Verbindung mit bestimmten Meridianen, Organen und Reflexpunkten.

Die Angewandte Kinesiologie weiter verfeinert

Indem er Elemente aus der Ernährungswissenschaft, Psychologie, Pädagogik, Schulmedizin und den Naturheilverfahren integrierte, verfeinerte Goodheart sein System der Angewandten Kinesiologie immer weiter. In den USA fand Goodhearts Methode schnell Eingang in die heilenden Berufe. Inzwischen wird die Kinesiologie weltweit als ergänzendes Behandlungsinstrument in der Schul- und Zahnmedizin, in der Pädagogik, Psychotherapie und in den Naturheilverfahren angewandt. Anfang der 80er Jahre wurde Goodhearts Methode auch in Deutschland bekannt. In Lehrgängen und Kursen können Therapeuten und Laien diese Zusatzqualifikation (Adressen siehe Seite 155) erwerben.

1971 begann John F. Thie Seminare für Laien abzuhalten. Zunächst verwendete er für seine Methode die Bezeichnung »Wellness«, änderte sie später aber in »Touch-for-Health«.

»Gesund durch Berühren«

Einen entscheidenden Beitrag dazu, daß sich die Angewandte Kinesiologie auch zu einer Selbsthilfemethode für Laien entwickelte, leistete Dr. John F. Thie, Chiropraktiker und Mitarbeiter Goodhearts. In seinem 1973 veröffentlichten Buch »Touch for Health« (TfH), das mit »Gesund durch Berühren« übersetzt wird, faßte er die Techniken der Angewandten Kinesiologie für den medizinischen Laien zusammen.

Aktivierung der natürlichen Lebensenergien

TfH - eine »ganzheitliche Methode zur Aktivierung der natürlichen Lebensenergien und des körperlichen und seelischen Gleichgewichts« (Thie) - soll der Gesundheitspflege dienen. Es wird weder zur Diagnose noch zur Behandlung

bereits bestehender Krankheiten eingesetzt, kann aber eine ärztliche Therapie sinnvoll unterstützen. TfH dient in erster Linie zur Gesundheitsvorsorge und Selbsthilfe bei streßbedingten alltäglichen Beschwerden. Das Programm arbeitet mit verschiedenen Muskeltests, mit denen der medizinische Laie energetische Ungleichgewichte in den Meridianen oder Energieblockaden identifizieren kann. Dann werden Techniken gezeigt, wie solche Blockaden aufgelöst werden können (»TfH-Balance«). Nochmaliges Muskeltesten zur Kontrolle zeigt an, ob die Übungen oder Maßnahmen erfolgreich waren oder ob noch weitere Korrekturtechniken empfehlenswert wären.

»Touch-for-Health ist ein neuer Ansatz, um unsere natürlichen Energien wiederherzustellen, eine praktische Anleitung zur natürlichen Gesundheit unter Verwendung von Akupressurberührung und Massage, um des Gleichgewicht in der Körperhaltung zu verbessern und physische und mentale sowie emotionale und spirituelle Schmerzen und Spannungen zu vermindern.«

(Dr. John F. Thie)

TfH wird weltweit in 55 Ländern gelehrt und dient auch im Bereich der Heilberufe als Einstieg in weiterführende kinesiologische Techniken. Auch die meisten der in diesem Buch gezeigten Übungen basieren im wesentlichen auf dem von John F. Thie entwickelten Touch-for-Health-System.

Das »Three in One Concepts«

Ein weiterer Pionier auf dem Gebiet der Kinesiologie ist der TfH-Lehrer Gordon Stokes. Ebenfalls Pionierarbeit - allerdings auf dem Gebiet der Verhaltensgenetik - leistete Daniel Whiteside, der zusammen mit Gordon Stokes und der Verhaltensgenetikerin C. Callaway ein neues kinesiologisches System, das »Three in One Concepts« (»drei in einem«), entwickelte.

Wissen aus der Verhaltensgenetik

Was bedeutet Verhaltensgenetik? Die Verhaltensgenetik beschäftigt sich mit der Frage, inwieweit das Verhalten eines Menschen mit seinen Körpermerkmalen in Verbindung steht. Solche Körpermerkmale sind genetisch bedingt, verändern sich aber auch in Abhängigkeit von den Erfahrungen, die ein Mensch im Laufe seines Lebens und vor allem in der Kindheit macht. In den Forschungsarbeiten der Verhaltensgenetik zeigte sich, daß bestimmte äußere Körperstrukturen eines Menschen, zum Beispiel schmale Lippen, hoch- oder tiefliegende Augenbrauen, die Breite des Gesichts im Verhältnis zur Gesichtslänge, mit typischen Verhaltensweisen in Verbindung stehen.

Dieser Zusammenhang zwischen bestimmten Körpermerkmalen und typischen Verhaltensweisen von Menschen wird bei Three in One Concepts aber keinesfalls bewertet. Es gibt kein richtig oder falsch, sondern es geht darum, sich selbst und seine Mitmenschen besser kennenzulernen und seine Persönlichkeit weiterzuentwickeln.
Three in One Concepts verbindet den Muskeltest und Techniken aus der Angewandten Kinesiologie sowie aus TfH mit Forschungsergebnissen und Erkenntnissen der Neurologie und Verhaltensgenetik. Das ermöglicht dem kinesiologisch arbeitenden Therapeuten, die typischen Merkmale der Persönlichkeit des einzelnen Menschen bei der Behandlung stärker zu berücksichtigen.

Wer das Thema Körpermerkmale und Verhaltensweisen vertiefen möchte, kann Kinesiologie-Kurse mit den Titeln »Under the code« und »Louder than words« besuchen (Adressen, die weiterhelfen, siehe Seite 155).

Emotionaler Streß blockiert den Menschen

Gordon Stokes und Daniel Whiteside gehen davon aus, daß emotionaler Streß unser Denken und Handeln blockiert. Dieser Streß kann von aktuellen Gefühlen wie Angst, Ärger oder Haß herrühren. Aber auch streßauslösende Ereignisse aus der Vergangenheit können in der Gegenwart noch blockierend auf uns wirken.
Mit Hilfe des Muskeltests wird dieser emotionale Streß identifiziert und durch die Anwendung bestimmter Techniken abgebaut. Dadurch gewinnt der einzelne neue Handlungsfreiheit, und/oder seine körperlichen Symptome verschwinden.
Three in One Concepts wird weltweit in Kursen gelehrt. Auch in diesem Buch greifen wir auf Erkenntnisse von Gordon Stokes und Daniel Whiteside zurück.

Die Kinesiologie - offen und vielseitig

Angehörige der Heilberufe und Therapeuten, die mit der Kinesiologie in Berührung gekommen sind, haben die Methode um eigene Elemente und eigenes Wissen ergänzt. So entwickelten sich viele spezialisierte Richtungen. Die Angewandte Kinesiologie inspirierte mit ihren Methoden zahlreiche andere Disziplinen wie Neurologie, Orthopädie, Zahnmedizin, Pädagogik, Musik, Sport, Psychotherapie und die unterschiedlichen Naturheilverfahren.
Die Reihe möglicher kinesiologischer Anwendungsmodelle, die sich seit der Entstehung der Methode entwickelten, ließe

sich noch lange fortsetzen. Tatsächlich hat sich die Kinesiologie seit ihrer Einführung in den deutschsprachigen Raum durch die 1982 in Freiburg gegründete und derzeit weltweit größte Einrichtung für Kinesiologie, das Institut für Angewandte Kinesiologie (IAK), rasant weiterentwickelt.
Der Muskeltest bleibt bei allen kinesiologischen Anwendern ein wichtiges Instrument, um Blockaden, die gesundheitliche Störungen auslösen können oder persönlicher Weiterentwicklung im Wege stehen, zu identifizieren.

Als Selbsthilfemethode bietet die Kinesiologie jedem die Möglichkeit, seine Selbstheilungskräfte anzuregen und natürliche Gesundheitsvorsorge zu betreiben.

Führen Sie kinesiologische Übungen immer in Ruhe und mit Achtsamkeit durch.

Möglichkeiten und Grenzen der Kinesiologie

Die Kinesiologie erhebt nicht den Anspruch, ein Wunder- oder Allheilmittel zu sein. Sie lenkt ihre Aufmerksamkeit nicht auf die Krankheit oder das erkrankte Organ, sondern auf den Menschen als Einheit, als ein Ganzes aus Körper, Seele und Geist. Aus technischen Gründen unterteilt die Kinesiologie diese Einheit in drei Bereiche (»Triade«). Das sind Struktur (Bewegungsapparat), Psyche (Gedanken und Gefühle) und Stoffwechsel (alle biochemischen Vorgänge im Körper). Über das Muskeltesten beziehungsweise die Muskelfunktion erhält man Zugang zu allen drei Ebenen der Triade, die entscheidend durch energetische Veränderungen beeinflußt werden.

Sind alle drei Bereiche dieser Triade im Gleichgewicht, fühlt sich der Mensch wohl und ausgeglichen. Die kinesiologischen Methoden unterstützen den Organismus dabei, die Balance wiederzufinden oder wiederherzustellen.

Bei Schmerzen und/oder anhaltenden organischen Beschwerden und Erkrankungen sollten Sie immer zum Arzt gehen. Die kinesiologischen Anwendungen können zwar eine Behandlung durch den Arzt begleiten und unterstützen, diese aber nicht ersetzen!

Einen Überblick über die in diesem Buch beschriebenen Übungen und Techniken finden Sie auf den Seiten 152 und 153.

Vorbereitung auf die Praxis

Die folgenden Hinweise können Ihnen den praktischen Einstieg in die Übungen und Techniken, die wir Ihnen in den folgenden Kapiteln vorstellen, erleichtern.

Einfache Regeln

- Alle hier vorgestellten Übungen können grundsätzlich von jedem durchgeführt werden. Einschränkungen ergeben sich nur aus Ihrer persönlichen Konstitution.
- Weniger kann oft mehr sein. Es kommt nicht so sehr auf die Menge der Übungen an als vielmehr auf die Sorgfalt, mit der Sie sie ausführen.
- Alle Übungen werden wirkungsvoller, wenn Sie während des Übens zusätzlich an Ihr aktuelles Thema oder Problem denken. Mit Hilfe dieses Tricks können Sie eine Übung gezielt auf Ihre individuellen Bedürfnisse »zuschneiden«.

So machen Sie mehr aus Ihrem Leben

Entspannen und Energie tanken, Körper und Seele ins Gleichgewicht bringen: Kinesiologische Übungen helfen, negativen Streß abzubauen. Sie fühlen sich wohl, ausgeglichen und leistungsfähig und finden mehr Erfüllung in Ihrem Leben.

Die Energie zum Fließen bringen

Gemäß der Vorstellung der traditionellen chinesischen Medizin ist ein ausgeglichener, gleichmäßiger Fluß der Lebensenergie in den Energiebahnen Voraussetzung dafür, daß wir gesund bleiben und uns wohl fühlen. Das Ziel ist also, den Energiefluß in den Meridianen anzuregen.
Indem wir zum Beispiel mit den Händen auf der Körperoberfläche dem Verlauf der Energiebahnen folgen, wie in den Übungen Meridianmassage (Seite 46) oder Meridiandusche (Seite 62), lösen sich vorhandene Energieblockaden auf. Der Grund: Hände und Körper sind von einem elektromagnetischen Feld umgeben. Durch das Entlangfahren der Hände am Körper verstärkt sich der Fluß der Energie in dem entsprechenden Meridian in der Richtung, in welche die Hand fährt.
Wir können den Fluß der Energie aber auch aktivieren, indem wir zum Beispiel bestimmte Reflex- oder Akupunkturpunkte massieren, wie in der Übung »Alles anschalten«, oder indem wir unsere Ohren massieren. In allen Übungen dieses Kapitels machen wir uns das feinverzweigte Meridiansystem zunutze, um das energetische Gleichgewicht wiederherzustellen und die Immunabwehr zu stärken.

Ein Forschungsprojekt an der Universität Witten/Herdecke ergab, daß die Akupunkturpunkte, die auf den Meridianen liegen, »spezifisch strukturierte Bündel« aus Gefäß- und Nervenfasern sind.

»Alles anschalten«

Bei der Übung »Alles anschalten« knipsen wir im Gehirn quasi das Licht an. Die Übung erfrischt und verbessert die Fähigkeit, Informationen aufzunehmen, zu verarbeiten und zu behalten. Denn wir aktivieren alle dafür wichtigen Gehirnbereiche. Angestrengte Augen werden wieder frisch, die Aufmerksamkeit verbessert sich.

Bessere Zusammenarbeit von Gehirn und Körper

Bei der Übung »Alles anschalten« massieren wir bestimmte Akupunkturpunkte. Die Massage der Endpunkte des Nierenmeridians zum Beispiel verbessert die Sauerstoffzufuhr zum Gehirn und hilft, die Ausschüttung der Botenstoffe (Neuro-

transmitter) an den Nervenschaltstellen (Synapsen) im Gehirn zu regulieren. Die Massage der Endpunkte des Zentral- oder Konzeptionsgefäßes löst Blockaden in der Zusammenarbeit (Koordination) von Kopf und Körper. Ein Beispiel: Damit wir schreiben können, müssen Kopf (Gehirn) und Hände gut zusammenarbeiten.
Die Massage des Anfangs- und Endpunktes des Gouverneursgefäßes wirkt anregend auf das Zentrale Nervensystem und die Gehirn- und Rückenmarksflüssigkeit (Zerebrospinalflüssigkeit). Das Halten des Bauchnabels hilft uns, die eigene Mitte zu finden.
Machen Sie die Übung auch mit Ihrem Kind, wenn ihm beim Lesen, Rechnen oder Schreiben immer wieder Fehler unterlaufen, weil es offensichtlich unkonzentriert ist, oder an Tagen, an denen es tolpatschig ist und ihm ständig Mißgeschicke passieren.

So führen Sie die Übung aus

1 Eine Hand - es spielt keine Rolle, mit welcher Sie beginnen - liegt ruhig auf dem Bauchnabel. Die andere Hand geht zu den beiden Endpunkten des Nierenmeridians (Niere 27) - sie liegen direkt unterhalb des Schlüsselbeins, links und rechts neben dem Brustbein. Am besten ist es, wenn der Daumen allein auf einem der beiden Punkte liegt und Zeige- und Mittelfinger den anderen Punkt berühren.
Die Punkte Niere 27 werden circa 30 Sekunden oder etwas länger leicht massiert.

- Dann wechseln die Hände. Die Hand, die zuerst auf dem Bauchnabel lag, massiert jetzt ebenfalls mit Daumen und zwei Fingern die Nierenpunkte. Die andere Hand bleibt ruhig auf dem Bauchnabel liegen.

Die Niere-27-Punkte spielen bei zahlreichen kinesiologischen Korrekturen eine wichtige Rolle.

❷ Lassen Sie wieder wahlweise eine Hand ruhig auf dem Bauchnabel liegen. Diesmal massieren Sie mit Zeige- und Mittelfinger der anderen Hand den Endpunkt des Zentralgefäßes (»Konzeptionsgefäß« - KG 24). Er liegt in der Hautfalte zwischen Kinn und Unterlippe. Auch hier wieder ungefähr 30 Sekunden massieren, dann die Hände wechseln.

❸ Eine Hand bleibt auf dem Bauchnabel. Zeige- und Mittelfinger der anderen Hand massieren circa 30 Sekunden die Mitte der Oberlippenoberkante (Akupunkturpunkt Gouverneursgefäß 27).

● Auch hier danach wieder die Hand wechseln und die Übung wiederholen.

❹ Eine Hand liegt ruhig auf dem Bauchnabel. Zeige- und Mittelfinger der anderen Hand massieren ungefähr

Die in dieser Übung behandelten Akupunkturpunkte sind in der Kinesiologie auch als »Einschaltpunkte« geläufig.

30 Sekunden lang die Steißbeinspitze, den Anfangspunkt des Gouverneursgefäßes.

- Dann wechseln Sie die Hände.

Mehr Energie für die Augen

Kennen Sie das: Ihre Augen werden beim Lesen eines Textes schnell schwer und müde? Sie merken, daß Sie den Textinhalt nur schlecht aufnehmen können, obwohl er leicht zu verstehen ist (»was habe ich eigentlich gerade eben gelesen«?). Sie verlieren regelmäßig die Zeile und die Augen »springen«, oder Sie haben Schmerzen beim Bewegen der Augäpfel. In solchen Fällen sind die Augen nicht ausreichend mit Energie versorgt. Sind die Augen energetisch blockiert, werden Reize falsch übermittelt: Das Gehirn interpretiert Richtungsangaben, die von den Augen kommen, verkehrt. Dies führt zu Verwirrung und Streß beim Lesen.

Augen »einschalten«

Mit Hilfe dieser Übung läßt sich die energetische Unterversorgung der Augen korrigieren, indem Sie die Augen in verschiedene Positionen (Augenrotation siehe Seite 39) bringen und gleichzeitig die Endpunkte des Nierenmeridians (Niere 27) massieren. Dadurch verbessert sich die Informations- und Reizverarbeitung im Gehirn, weil durch die Massage der Nierenmeridianpunkte die Ausschüttung der Botenstoffe an den Nervenschaltstellen (Synapsen) positiv beeinflußt wird.

So führen Sie die Übung aus

Erster Schritt:

- Sie beginnen mit den Augenbewegungen: Halten Sie den Kopf gerade, und richten den Blick nach vorn (9).

Die Begründer der Methode des Neurolinguistischen Programmierens (NLP) entdeckten bei ihrer Arbeit, daß wir die Augen in verschiedene Positionen bewegen, um bestimmte Gehirnfunktionen einzuschalten.

TIP

Brillenträger sollten täglich ihre Augen »einschalten«, denn das Brillengestell schränkt das Blickfeld und die Beweglichkeit der Augenmuskulatur ein. Deshalb ist das Kreisen der Augäpfel für Brillenträger häufig schmerzhaft.

- Führen Sie den Blick langsam in einer senkrechten Linie nach oben (1), gehen Sie dann weiter im Uhrzeigersinn nach schräg links oben (2), nach links waagrecht (3), nach schräg links unten (4) und senkrecht nach unten (5). Fahren Sie fort mit den Blickrichtungen schräg nach rechts unten (6), rechts waagrecht (7), schräg nach rechts oben (8), und blicken Sie abschließend wieder geradeaus nach vorn (9).
- Ihre Augen laufen bei diesen Bewegungen wie in der Abbildung auf Seite 39 so auf dem Kreis entlang, daß sich wie bei einem Kuchen acht Stücke ergeben. Folgen Sie dabei den Ziffern, die für die einzelnen Augenstellungen stehen.
- Bleiben Sie in jeder Position circa zwei Sekunden. Merken Sie sich dabei die Stellen, die beim Kreisen der Augen schmerzen, sich unangenehm oder angespannt anfühlen.

Zweiter Schritt:

- Im nächsten Schritt der Übung massieren Sie die Punkte Niere 27. Diese Endpunkte des Nierenmeridians liegen unterhalb des Schlüsselbeins, direkt rechts und links von der Brustbeinmitte.
- Legen Sie jetzt den Daumen der rechten Hand auf den Punkt auf der rechten und Zeige- und Mittelfinger auf den Punkt auf der linken Seite, und massieren Sie circa 30 Sekunden; Ihre linke Hand liegt auf dem Bauchnabel.
- Während Sie diese Handstellungen beibehalten, gehen Sie alle oben beschriebenen Augenstellungen durch. Sie können sich auch auf die Positionen beschränken, bei denen Sie im ersten Schritt Probleme hatten.
- Wechseln Sie die Hände, und führen Sie die Übung gegengleich durch. Dabei liegt jetzt die rechte Hand auf dem Bauchnabel, und die linke Hand massiert die Punkte. Indem Sie jeweils eine Hand auf den Bauchnabel legen, aktivieren Sie zusätzlich die Energie in allen Meridianen.

Dritter Schritt:

- Wiederholen Sie den zweiten Schritt, und kehren Sie dabei die Richtung der Augenbewegung um: Beginnen Sie bei Punkt 9, gehen Sie dann über 1 entgegen dem Uhrzeigersinn weiter zu 8,7,6,5,4,3,2, und enden Sie wieder bei 9.

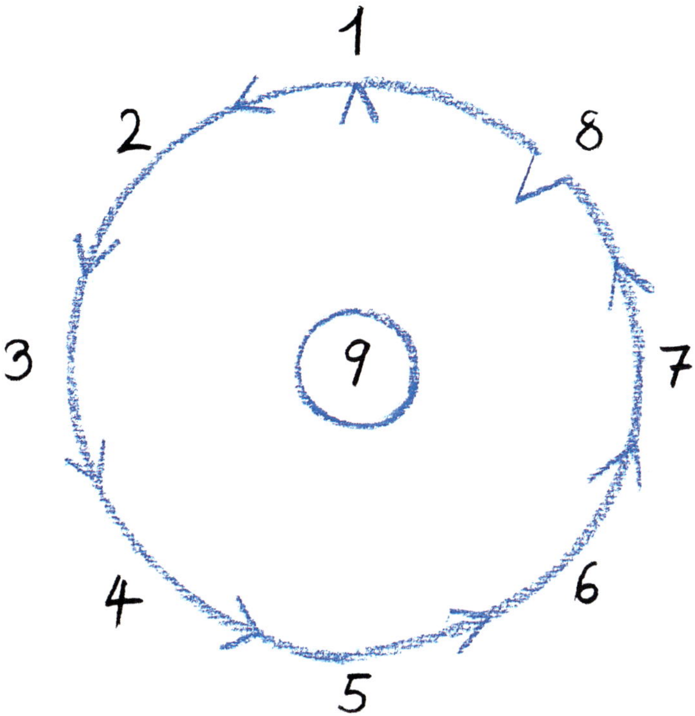

Die Reihenfolge der verschiedenen Augenpositionen

Die Abbildung ist eine Daraufsicht. Das heißt, Sie gehen wie im Text beschrieben mit Ihren Augen zuerst auf die Ziffer 1 - senkrecht oben - und blicken dann nach links oben zur Position 2, bis Sie wieder bei der 9 angelangt sind.

Dadurch werden die Augen beweglicher, und die Gehirnfunktionen werden verstärkt angeregt.

- Abschließend beschreiben Sie mit den Augen eine liegende Acht (siehe Abbildung unten). Dadurch regen Sie die Zusammenarbeit zwischen linker und rechter Gehirnhälfte an (siehe Seite 70, Überkreuzbewegungen).
- Wechseln anschließend Sie auch hier die Hände.

Ohren ausstreichen

Die Übung »Ohren ausstreichen« ist eine einfache und schnelle Übung mit großer Wirkung. Sie können Sie immer wieder leicht in Ihren Tagesablauf integrieren.
Sie massieren hier eine ganze Menge Akupunkturpunkte, die sich am Ohr befinden. Sie können sich Ihre Ohren wie ein kleines Abbild Ihres Körpers vorstellen. Dort sind zahlreiche wichtige Körperfunktionen repräsentiert. Dies macht sich auch die Ohrakupunktur zunutze, die über 400 Akupunkturpunkte am Ohr kennt. Die Kinesiologie arbeitet zwar nicht mit Nadeln, aber auch die Massage dieser Punkte wirkt sich positiv auf zahlreiche Gehirn- und Körperfunktionen aus. Sie spüren sofort eine wohltuende, entspannende Wirkung.

TIP

Eine Übungsvariante: Drehen Sie Ihren Kopf so weit wie möglich nach rechts, und massieren Sie Ihr rechtes Ohr. Dann drehen Sie den Kopf so weit wie möglich nach links und massieren Ihr linkes Ohr.

Verbale Informationen besser aufnehmen

Ohren und Nackenmuskulatur stehen in enger Verbindung. Vielleicht haben Sie schon bei sich selbst beobachtet, daß Sie den Kopf und damit die Ohren automatisch in eine bestimmte Position bringen, wenn Sie besonders aufmerksam zuhören möchten. Durch die Massage der Ohrmuscheln wird die Nackenmuskulatur entspannt. Deshalb läßt sich der Kopf nach einer solchen Massage oft weiter nach links oder rechts drehen als zuvor.
Außerdem wird bei dieser Übung die Formatio reticularis im Gehirn aktiviert. Das ist eine Zone, die uns dabei hilft, unsere Aufmerksamkeit auf wichtige Töne und das gesprochene Wort zu lenken und störende Nebengeräusche auszublenden.
Die Ohrübung unterstützt uns auch dabei, den Sinn des Gesprochenen mit bildhaften Vorstellungen, Tonfall und Rhythmus des Gehörten besser verknüpfen zu können. Sie verbessert das Kurzzeitgedächtnis und die Fähigkeit zu abstraktem Denken, aktiviert den Gehörsinn und hat Einfluß auf das innere Ohr und den Gleichgewichtssinn.
Bei energetisch »abgeschalteten« Ohren haben wir Probleme, uns auf das gesprochene Wort zu konzentrieren. Dies kann sich auch in der sprichwörtlichen »langen Leitung« zeigen. Wir tun uns schwer, verbale Informationen aufzunehmen.

»Ohren ausstreichen« – einfach und effektiv

So führen Sie die Übung aus

- Arbeiten Sie sich vom oberen Rand des Ohres bis hinunter zum Ohrläppchen und umgekehrt.
- Nehmen Sie die rechte und die linke Ohrmuschel zwischen Daumen und Zeigefinger beider Hände.
- Dabei ziehen Sie die Ohrmuscheln sanft nach hinten und nach außen, als ob Sie die Ohren ausfalten oder glattziehen wollten.
- Arbeiten Sie sich vom oberen Rand des Ohres bis hinunter zum Ohrläppchen und umgekehrt.
- Wiederholen Sie diese Übung mindestens dreimal.
- Machen Sie die Ohrübung abwechselnd mit offenen und mit geschlossenen Augen.

Tageszeitbalance

Vielleicht haben Sie schon einmal bemerkt, daß sich manches Unwohlsein regelmäßig um eine bestimmte Uhrzeit bei Ihnen verstärkt. Die Ursache könnte ein Energieungleichgewicht in dem Meridian sein, der um diese Uhrzeit seine Maximalenergie hat.
Erinnern Sie sich: Die doppelseitig, also in beiden Körperhälften verlaufenden zwölf Meridiane erhalten jeweils zu einer bestimmten Tageszeit innerhalb des Energiekreislaufs die meiste Energie (siehe Seiten 14 und 43).

TIP

Die Tageszeitbalance ist auch ein gutes Mittel gegen kalte Füße und Hände, wenn sie regelmäßig angewendet wird. Die Übung dauert nicht länger als fünf Minuten.

Während der Sommerzeit beginnt die Zeit der Maximalenergie bei jedem Meridian nach der Uhr eine Stunde später. Also liegt sie nun beim Dickdarmmeridian zwischen 6 und 8 Uhr, beim Magenmeridian zwischen 8 und 10 Uhr, beim Milz-Pankreas-Meridian zwischen 10 und 12 Uhr und so weiter.

Ein Beispiel: Angenommen, Sie bekommen eine Bronchitis. Ihr nächtlicher Hustenanfall kommt regelmäßig zwischen 3 und 5 Uhr (Winterzeit). Das liegt dann möglicherweise daran, daß in dieser Zeit der Lungenmeridian Maximalenergie hat. Ist der Energiefluß im Lungenmeridian gestört, verstärken sich Ihre Symptome. Es kann sich auch darin äußern, daß Sie immer zur Zeit der Maximalenergie des Lungenmeridians, also zwischen 3 und 5 Uhr, aufwachen, verstärkt schwitzen oder andere Symptome feststellen. Das kann auch ohne sichtbare Erkrankung wie eine Bronchitis passieren.
Ein anderes Beispiel: Viele Menschen haben morgens zwischen 6 und 8 Uhr (Sommerzeit) Stuhlgang. Das weist deutlich auf die Aktivität des Dickdarmmeridians um diese Zeit hin.

Wenn nicht anders angegeben, beziehen wir uns bei der Beschreibung der Übung immer auf die Winterzeit.

Maximalenergie löst Blockaden

Bei der Tageszeitbalance arbeiten wir mit dem Meridian, der von der Tageszeit her momentan Maximalenergie hat. Dadurch lösen wir mögliche Energieblockaden in allen 12 Meridianen auf.
Wir können uns die Maximalenergie wie eine Flutwelle vorstellen. Diese Welle kann auch Stauungen in den anderen Meridianen auflösen. Dabei spielt es keine Rolle, ob der Energiefluß in dem Meridian, den wir im Moment behandeln, gestört ist oder nicht.
Mit Hilfe der »Tageszeitbalance« bringen Sie die Meridianenergie ins Gleichgewicht, der Energiefluß wird harmonisiert. Ein Zuviel oder Zuwenig an Energie in einzelnen Meridianen gleicht sich aus. Nach der Übung werden Sie sich angenehm entspannt fühlen. Bei körperlicher und geistiger Erschöpfung bringt die Tageszeitbalance neue Frische. Den Schlaf kann sie allerdings nicht ersetzen!

Wichtige Hinweise

- Vor allem drei Meridiane bieten sich für die Tageszeitbalance vom Tagesablauf her an: Das sind der Dickdarmmeridian mit der Maximalenergie zwischen 5 und 7 Uhr während der Winterzeit und 6 und 8 Uhr in der Sommerzeit, der Herzmeridian mit der Maximalenergie zwischen 11 und 13 Uhr Winterzeit beziehungsweise 12 und 14 Uhr Sommerzeit sowie der Kreislauf-Sexus-Meridian von 19 bis 21 Uhr Winterzeit und 20 bis 22 Uhr Sommerzeit.
- Suchen Sie sich die Tageszeit aus, zu der Sie die Balance am besten durchführen können. Die Übung bietet sich vor allem morgens als Einstieg in den Tag an. Sie können sie aber jederzeit auch mittags oder abends machen oder mittags und abends wiederholen.

Zeit der Maximalenergie der Meridiane im Tagesverlauf

Winterzeit

Zwischen 5 und 7 Uhr:	Dickdarmmeridian
Zwischen 7 und 9 Uhr:	Magenmeridian
Zwischen 9 und 11 Uhr:	Milz-Pankreas-Meridian
Zwischen 11 und 13 Uhr:	Herzmeridian
Zwischen 13 und 15 Uhr:	Dünndarmmeridian
Zwischen 15 und 17 Uhr:	Blasenmeridian
Zwischen 17 und 19 Uhr:	Nierenmeridian
Zwischen 19 und 21 Uhr:	Kreislauf-Sexus-Meridian
Zwischen 21 und 23 Uhr:	Dreifacher-Erwärmer-Meridian
Zwischen 23 und 1 Uhr:	Gallenblasen-Meridian
Zwischen 1 und 3 Uhr:	Lebermeridian
Zwischen 3 und 5 Uhr:	Lungenmeridian

Sommerzeit beachten

Neurolymphatische Punkte

Neurolymphatische Punkte sind bestimmte Bereiche auf der Vorder- und Rückseite des Körpers, die über das Nervensystem (neuro-) eng mit dem lymphatischen System verbunden sind. Sie liegen in der Nähe der Lymphbahnen. Indem wir diese Reflexzonen massieren, lösen sich die

!

Neurolymphatische Punkte spielen in der Kinesiologie eine wichtige Rolle. Ihre Massage ist hier zwar Teil der Übung Tageszeitbalance, steht aber als einzelne wichtige Maßnahme (Seite 102), die bei vielen Beschwerden Linderung bringt, auch für sich allein. Aus dem »Wegweiser zur passenden Übung« (hintere Umschlaginnenklappe) und der Übersicht »Empfehlenswerte Übungen für bestimmte Lebenssituationen« (Seite 152) können Sie ersehen, wann die Massage der neurolymphatischen Punkte hilfreich sein kann.

Falls Sie schon einen TfH-Kurs gemacht haben, können Sie statt der Tageszeitbalance mit Ihrem Partner auch eine TfH-Balance machen.

Energieblockaden in den mit den neurolymphatischen Punkten in Verbindung stehenden Meridianen auf. Die »Müllabfuhr« des Organismus wird besser mit Energie versorgt, und der Stoffwechsel kommt wieder in Schwung.
Die Abbildung auf der vorderen Umschlaginnenklappe zeigt Ihnen, wie die neurolymphatischen Punkte auf dem Körper verteilt sind. Beachten Sie bitte, daß ein Punkt, den Sie in der Darstellung rechts sehen, bei Ihnen auf der linken Körperseite liegt. Für manche Meridiane gibt es vorn und hinten mehrere Punkte, manche sind auf einer Körperseite nur einfach vorhanden. Zum Beispiel hat der Milz-Pankreas-Meridian vorn einen Punkt auf der linken Seite, hinten jedoch jeweils einen Punkt links und rechts von der Wirbelsäule.

Neurovaskuläre Punkte

Neurovaskuläre Punkte sind Reflexpunkte am Körper, die mit der Durchblutung in Zusammenhang stehen. Sie liegen in der Mehrzahl am Kopf (siehe Abbildung vordere Umschlaginnenklappe). Berührt man sie, verbessert sich über die Stimulierung des Nervensystems (»neuro-«) die Durchblutung (»-vaskulär« bedeutet zu den Blutgefäßen gehörend) im Gehirn und in verschiedenen Organen. Auch der Energiefluß in den diesen Punkten zugehörigen Meridianen nimmt zu.
Neurovaskuläre Punkte spielen in der Kinesiologie eine wichtige Rolle. Ihre Berührung ist hier zwar Teil der Übung Tageszeitbalance, steht aber als einzelne Übung (siehe Seite 106), die in vielen Bereichen eingesetzt werden kann, auch für sich allein.
Aus der Übersicht auf der hinteren Umschlaginnenklappe können Sie sehen, in welchen Fällen Sie ebenfalls mit den neurovaskulären Punkten arbeiten können. Halten Sie sich dabei bitte immer an die auf Seite 106 beschriebenen Regeln für das Berühren der neurovaskulären Punkte.

So führen Sie die Übung aus

Schritt eins:

- Zuerst massieren Sie die neurolymphatischen Zonen des Zentralgefäßes auf der Körpervorderseite und -rückseite (Zone beziehungsweise Punkte 1). Sie finden die vorderen Zonen auf der Abbildung als Linie, die vom äußersten Ende des Schlüsselbeins in Richtung zur rechten beziehungsweise linken Achselhöhle verläuft. Massieren Sie die Zone 1 nacheinander auf der linken und rechten Körperseite.

- Auf der Körperrückseite liegen die neurolymphatischen Punkte des Zentralgefäßes rechts und links der Halswirbelsäule gleich unterhalb des Schädelknochens. Massieren Sie auch diese Punkte.
- Danach massieren Sie die neurolymphatischen Punkte des Gouverneursgefäßes auf der Brust. Sie liegen zwischen der 2. und der 3. Rippe von oben. Sie finden die Punkte Nummer 2 circa vier Finger breit links und rechts vom Brustbein entfernt.
- Dann kommen die hinteren Punkte (2) des Gouverneursgefäßes an die Reihe. Sie liegen zwischen dem zweiten und dritten Dornfortsatz der Brustwirbelsäule. Die Dornfortsätze sind Höcker, die Sie spüren können, wenn Sie direkt auf der Wirbelsäule entlangstreichen. Sie finden den Beginn der Brustwirbelsäule, indem Sie das Kinn auf die Brust legen. Fassen Sie dann mit Ihrer Hand an Ihr Nackenende. Der dort deutlich hervortretende Wirbelfortsatz ist der siebte Halswirbel und damit das Ende Ihrer Halswirbelsäule. Die darunter spürbaren weiteren Wirbelfortsätze gehören bereits zur Brustwirbelsäule. Tasten Sie vom Ende der Halswirbelsäule ausgehend die nächsten drei Höcker der Brustwirbelsäule. Gehen Sie dann auf die Stelle links und rechts der Brustwirbelsäule zwischen ihrem zweiten und dritten Höcker. Massieren Sie dort die beiden Punkte 2. Massieren Sie nicht direkt auf der Wirbelsäule, sondern links und rechts davon.
- Alle Punkte massieren Sie jeweils circa 30 Sekunden lang.

Schritt zwei:

- Lesen Sie auf Ihrer Uhr die Tageszeit ab. Suchen Sie mit Hilfe der Maximalenergie-Tabelle der Meridiane auf Seite 43 den im Moment aktivsten Meridian aus. Beachten Sie dabei, ob im Moment Winter- oder Sommerzeit gelten.
- Haben Sie den aktiven Meridian gefunden, massieren Sie nun dessen neurolymphatische Punkte an der Körpervorderseite und -rückseite, wie sie in der Abbildung auf der vorderen Umschlaginnenklappe zu sehen sind.

TIP

Manche Meridiane - zum Beispiel den Blasen- oder Gallenblasenmeridian - kann man allein schlecht mit der Hand erreichen, weil beide auch auf dem Rücken verlaufen. Entweder Sie wählen dann eine andere Tageszeit für die Balance und arbeiten mit einem leichter erreichbaren Meridian, oder Sie fragen einen Partner, ob er Ihnen bei der Übung behilflich ist.

Schritt drei:
- Suchen Sie dann in der Abbildung auf der vorderen Umschlaginnenklappe die neurovaskulären Punkte, die zu Ihrem aktuellen Meridian gehören, und berühren Sie diese circa 30 Sekunden lang.
- Achten Sie darauf, die neurovaskulären Punkte wirklich nur zu berühren - massieren oder drücken Sie bitte nicht.

Wenn Sie die Meridianmassage mit kleineren Kindern machen möchten, lassen Sie Ihre Hände zu Dampfloks werden, die von verschiedenen Gleisen aus in eine bestimmte Richtung fahren.

Schritt vier:
- Im letzten Schritt der Übung fahren Sie an dem aktiven Meridian auf beiden Körperseiten mit der rechten oder linken Hand entlang. Machen Sie dies insgesamt dreimal. Sie können die Meridiane entweder mit Körperberührung oder im Abstand von circa 5 Zentimetern abfahren.
- Beachten Sie dabei immer, ob diese von oben nach unten oder von unten nach oben verlaufen, und folgen Sie den entsprechenden Pfeilen (siehe Seite 48ff.).
- Vergessen Sie nicht, jeden Meridian auf beiden Körperseiten zu behandeln. Falls es sein Verlauf erlaubt, können Sie beide Stränge eines Meridians auch gleichzeitig mit beiden Händen abfahren. Dabei übernimmt jede Hand jeweils einen Strang des Meridians. Das geht grundsätzlich bei allen Meridianen, die nicht über die Arme führen.
- Nach diesem Schema arbeiten Sie mit jedem Meridian.

Schnelle Tageszeitbalance

Wenn Sie die Tageszeitbalance immer um dieselbe Tageszeit machen, brauchen Sie sich nicht jedesmal auf einen anderen Meridian einzustellen. Sie werden sich dann die jeweiligen neurolymphatischen und neurovaskulären Reflexpunkte einprägen, und die Übung geht viel schneller. Bekanntlich können Sie ja mit jedem Meridian, der gerade Maximalenergie hat, die Energie in den anderen Meridianen in die Balance bringen.

Meridianmassage und Meridiandusche

Bei den folgenden zwei Übungen - Meridianmassage und -dusche - »fahren« die Hände auf der Körperoberfläche von den Anfangs- zu den Endpunkten der einzelnen Energiebahnen. Dadurch lösen sich Energieblockaden auf.

Die Meridianmassage

Mit Hilfe der Meridianmassage steigern Sie Ihr körperlich-seelisches Wohlbefinden.
Die Meridianmassage ist auch eine ideale Partnerübung. Verwöhnen Sie sich gegenseitig mit dieser Übung. Es sollten immer zuerst alle Meridiane massiert sein, bevor die Rollen getauscht werden.
Diese ausführliche Meridianmassage können Sie auch mit größeren Kindern machen. Dazu sollten Sie den Verlauf der einzelnen Meridiane schon etwas besser kennen, damit die Übung nicht zu lange dauert und Ihr Kind nicht die Geduld verliert.

So führen Sie die Übung aus

- Gehen Sie die 12 Hauptmeridiane sowie das Zentral- und Gouverneursgefäß entsprechend den Abbildungen (siehe Seite 48ff.) hintereinander durch. Sie brauchen am Anfang ungefähr 30 Minuten Zeit dafür. Je mehr Übung Sie haben, desto schneller geht´s.
- Die auf der linken und rechten Körperseite gegengleich verlaufenden Energiebahnen können Sie gleichzeitig mit beiden Händen nachfahren.
Wenn Sie sich selbst behandeln, geht das nicht beim Herz-, Dünndarm-, Kreislauf-Sexus-, Dreifacher-Erwärmer-, Lungen- und Dickdarm-Meridian, denn diese verlaufen jeweils auf den Armen. Benützen Sie bei diesen sechs Meridianen für die rechte Körperseite die linke Hand und für die linke Körperseite die rechte Hand.
- Beachten Sie beim Nachfahren mit den Händen bitte, ob ein Meridian von unten nach oben oder von oben nach unten verläuft, und folgen Sie den Linien in den einzelnen Abbildungen. Der hier angebene Verlauf der Meridiane orientiert sich am Touch-for-Health-System und ist vereinfacht dargestellt.
- Fahren Sie jeden Meridian von Anfang bis Ende einmal ab. Wenn Sie genügend Zeit haben, wiederholen Sie den gesamten Ablauf.
- Sie können beim Entlangfahren die Haut berühren oder einen Abstand von circa fünf Zentimetern einhalten. Kleidung stört nicht.

Bei der Übung Meridianmassage massieren Sie die Meridiane in der Reihenfolge, in der sie auf dem Meridianrad erscheinen. Massieren Sie nicht nur einzelne Meridiane, sondern immer alle vierzehn.

Die Meridianverläufe

Die folgende Beschreibung der Verlaufslinien der Meridiane bietet Ihnen, zusätzlich zu den Abbildungen, eine Orientierung, die Ihnen bei der Ausführung dieser Übung hilft.

Zentralgefäß

Der Anfangspunkt des Zentralgefäß-Meridians liegt in Schambeinhöhe. Von da fahren Sie mit der rechten oder linken Hand gerade auf der Körpermittellinie nach oben, bis Sie unterhalb der Unterlippe am Endpunkt des Zentralgefäßmeridians angekommen sind.

Eine Störung des Zentralgefäßes kann sich in vielen körperlichen Symptomen zeigen, zum Beispiel bei Erkrankungen im Mund-, Rachen- und Kehlkopfbereich, Menstruationsstörungen und Kreislaufproblemen.

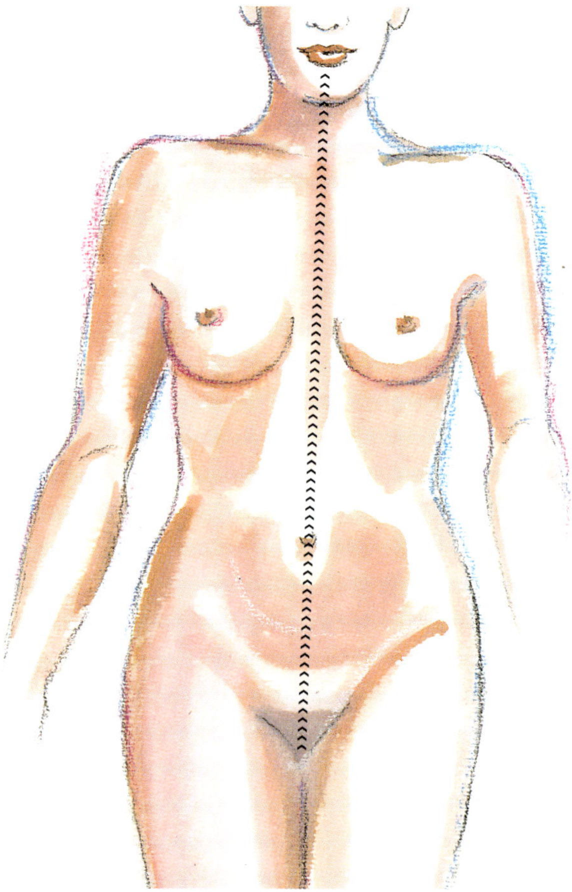

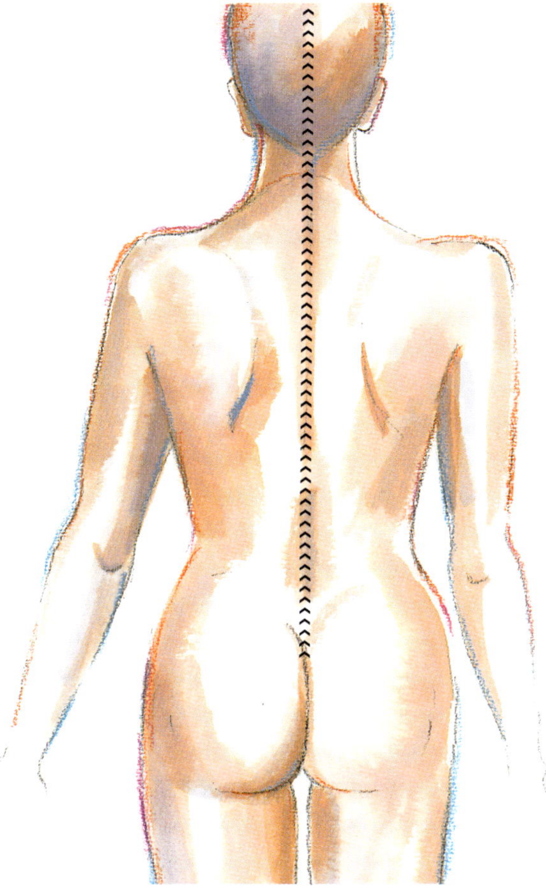

Das Gouverneursgefäß kann in Zusammenhang stehen mit Rückenbeschwerden, Kopf-, Augen- und Zahnschmerzen.

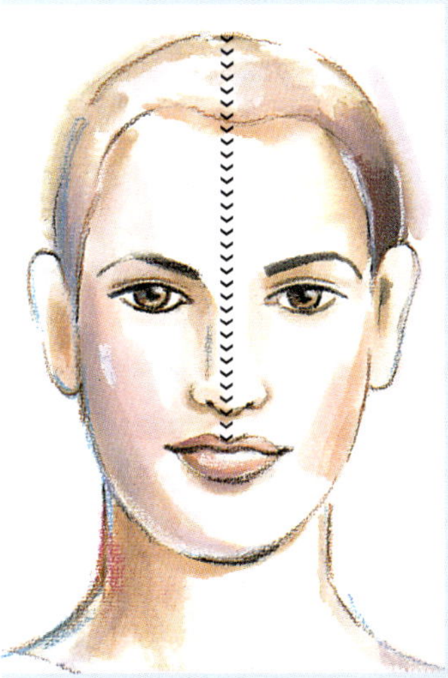

● **Gouverneursgefäß**

Der Anfangspunkt des Gouverneursgefäßes liegt an der Steißbeinspitze. Fahren Sie mit der rechten oder linken Hand von da aus entlang der Körpermittellinie nach oben bis zum oberen Rand der Oberlippe. Etwas oberhalb dieses Punktes auf dem Gouverneursgefäß liegt der Akupunkturpunkt (Gouverneursgefäß 26), den man bei Ohnmacht oder in Schocksituationen kräftig mit dem Fingernagel drücken kann. Möglicherweise kommt der Betroffene schnell wieder zu sich.
Bitte dennoch einen Arzt zu Rate ziehen!

Magen-Darm-Verstimmungen, ein nervöser Reizmagen, Verstopfung und Irritationen im vegetativen Nervensystem gehören zu möglichen Störungen innnerhalb des Funktionskreises des Magenmeridians. (Wie sich Störungen im Funktionskreis des Milz-Pankreas-Meridians zeigen, können Sie auf Seite 13 nachlesen.)

Magenmeridian

Der Magenmeridian verläuft auf beiden Körperseiten. Sein Anfangspunkt liegt am unteren Rand der Augenhöhle, senkrecht unterhalb der Mitte des Auges.
Dort starten Sie und fahren nach unten über das Kinn und von dort wieder nach oben über die Schläfen bis zur Stirn. Dann streichen Sie in einer geraden Linie nach unten über die Augen und weiter den Hals-, Brust- und Bauchbereich und die Beine hinunter.
Ab Brustkorbende bewegt sich die Linie in Richtung Bauchnabel. Fahren Sie von dort in einer geraden Linie zum oberen Schambeinrand, und gehen Sie da wieder etwas nach außen über die Leiste, fahren weiter nach unten, entlang der Vorderseite des Oberschenkels, aber nicht genau in der Mitte, sondern etwas links beziehungsweise rechts davon.
Etwas unterhalb der Mitte des Unterschenkels beschreiben Sie eine kleine Zacke nach oben und außen und fahren weiter zum äußeren Nagelfalzwinkel des zweiten Zehs. Das ist der Endpunkt des Magenmeridians.

Milz-Pankreas-Meridian

Der Milz-Pankreas-Meridian verläuft auf beiden Körperseiten über das Bein und den Oberkörper. Sein Anfangspunkt liegt an dem Nagelfalzwinkel der Großzehe, der zur Körpermitte weist. Dort beginnen Sie und fahren am Innenrand des Fußes entlang über den Knöchel an der Beininnenseite nach oben.
Ab dem Unterleib halten Sie sich circa fünf Fingerbreit rechts und links von der Körpermittellinie entfernt und fahren in einer geraden Linie über den Bauch bis zum unteren Rand des Brustkorbs.
Ändern Sie hier die Richtung leicht nach außen, und fahren Sie über die Brust zum Schultergelenk bis direkt unter die zweite Rippe von oben und von da wieder nach unten auf die Außenseite des Brustkorbs bis unter die sechste Rippe. Hier liegt der Endpunkt des Milz-Pankreas-Meridians.
Diesen Punkt können Sie exakt lokalisieren, indem Sie die Strecke von Ihrer Achselhöhle zur Ellbeuge bei seitlich herabhängendem Arm halbieren und von da aus auf Ihren seitlichen Brustkorb gehen.

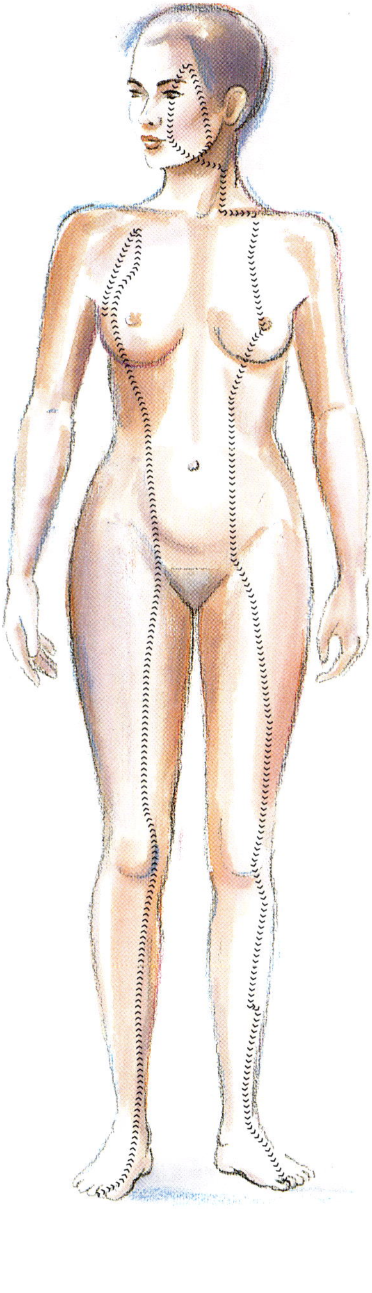

Magen- und Milz-Pankreas-Meridian werden hier beide auf einer Figur dargestellt. Natürlich verlaufen sie ebenso wie die anderen Meridiane symmetrisch auf beiden Körperseiten.

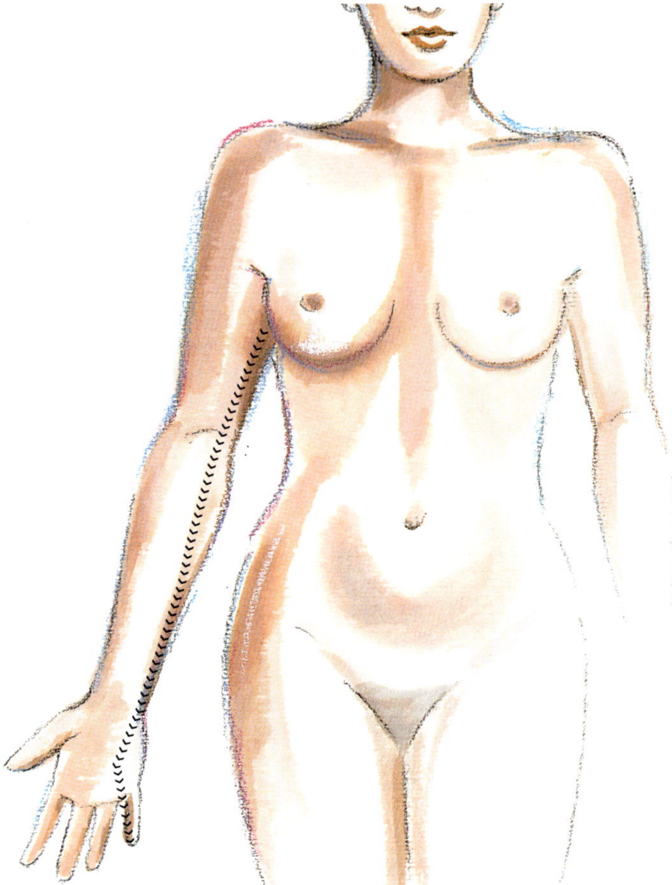

Unruhe, Schlafstörungen, Herzklopfen, Herzschmerzen oder Schmerzen im Schulter- und Ellbogengelenk gehören zu möglichen Störungen innerhalb des Funktionskreises des Herzmeridians.

Herzmeridian

Der Herzmeridian verläuft beidseitig auf den Innenseiten der Arme.

Drehen Sie den Arm, der behandelt werden soll, dabei jeweils so, daß die Handfläche nach vorn zeigt. Der Anfangspunkt des Herzmeridians liegt in der Achselhöhle. Von dort gehen Sie auf der Innenseite des Armes zum Nagelfalzwinkel des Kleinfingers (auf der Seite, die zum Ringfinger zeigt).

Dünndarmmeridian

Der Dünndarmmeridian verläuft auf beiden Körperseiten. Sein Anfangspunkt liegt am äußeren Nagelfalzwinkel des kleinen Fingers.
Drehen Sie Ihre Hand jeweils so, daß der Handrücken nach vorn zeigt. Von dort gehen Sie über die Armaußenseite bis zur Hinterseite des Schultergelenks, fahren eine Zacke nach unten in Richtung Schulterblatt, gehen wieder hoch und weiter über den Nacken und das Gesicht bis zu der Stelle zwischen Kiefergelenk und Ohr. Dort liegt der Endpunkt dieses Meridians.

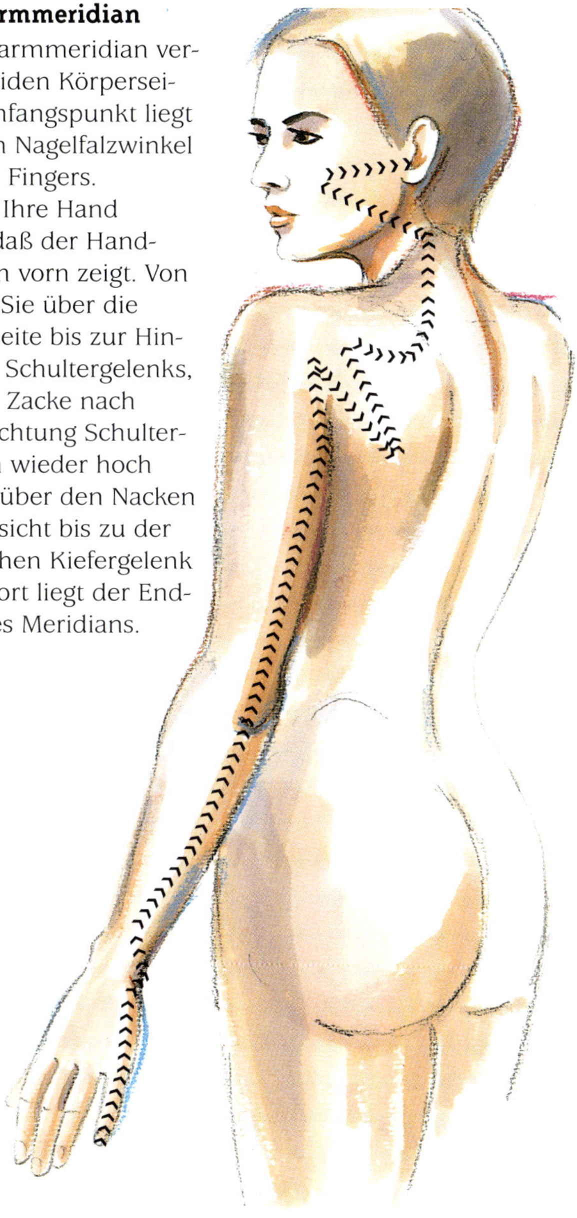

Ohrprobleme oder Beschwerden im Meridianverlauf, zum Beispiel an den Schultern, Ellbogen oder Handgelenken, können auf Störungen des Dünndarmmeridians hinweisen.

Erkrankungen, die durch Kälte entstanden sind oder verschlimmert werden wie zum Beispiel Kieferhöhlenentzündungen, Kopfschmerzen oder urologische Beschwerden gehören zu möglichen Störungen innerhalb des Funktionskreises des Blasenmeridians.

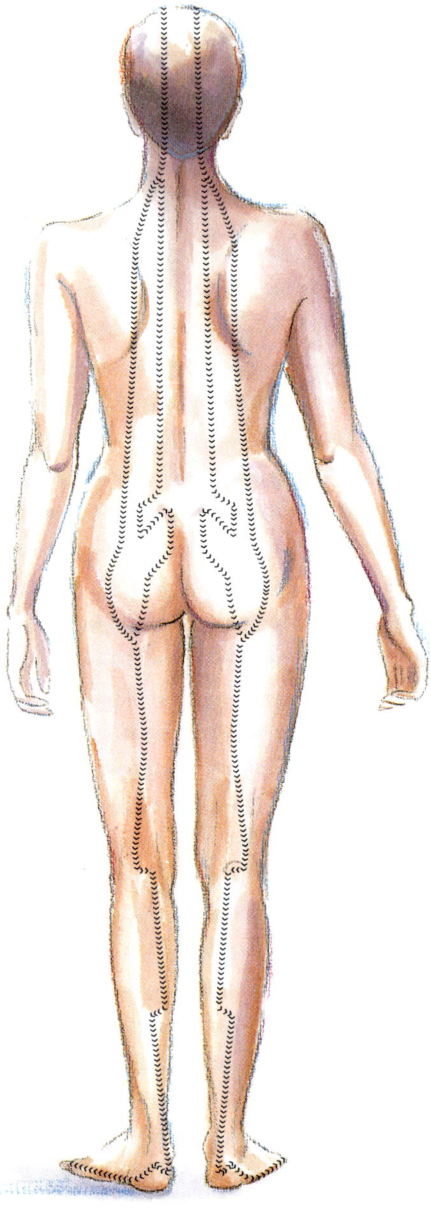

Blasenmeridian

Der Blasenmeridian verläuft auf beiden Körperseiten und teilt sich auf dem Rücken in jeweils zwei Äste, die links und rechts entlang der Wirbelsäule verlaufen.
Fahren Sie zuerst den rechten und danach den linken Meridian entlang. Beginnen Sie am Anfangspunkt - dem inneren Augenwinkel des rechten Auges - und fahren Sie über den Kopf bis zur Wirbelsäule. Dort treffen sich die Äste des Blasenmeridians. Wir behandeln zuerst den Ast, der direkt neben der Wirbelsäule verläuft. Fahren Sie ihn bis zum Kreuzbein entlang. Jetzt fahren Sie eine Zacke nach oben und setzen die Linie in einem leichten Bogen über das Gesäß fort. Am unteren Rand des Gesäßes treffen sich die beiden Äste des Blasenmeridians. Fahren Sie von dort aus weiter am hinteren Oberschenkel entlang bis zur Außenseite des kleinen Zehs.
Jetzt fahren Sie den zweiten Ast des Blasenmeridians entlang.
Beschreiben Sie die Linie bis zum Ende des Kreuzbeins, und fahren Sie von dort in einem kleinen Bogen wieder zur Mitte der Gesäßfalte. Dort treffen sich Ast eins und zwei. Setzen Sie dann die Linie wie bei Ast eins beschrieben über den hinteren Oberschenkel, Wade und Fuß fort, bis Sie wieder am Endpunkt des Meridians, dem äußeren Nagelfalzwinkel des kleinen Zehs, angelangt sind.
Jetzt führen Sie die Übung gegengleich durch und beginnen am inneren Augenwinkel des linken Auges.

Auf dem inneren Ast des Blasenmeridians am Rücken liegen wichtige Akupunkturpunkte, die in Verbindung mit den anderen Hauptmeridianen stehen.

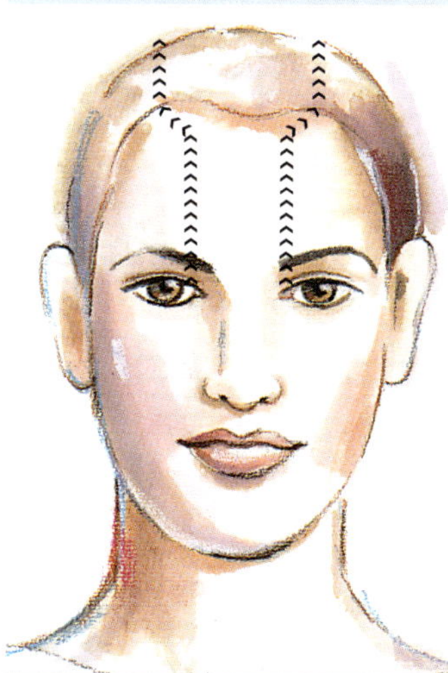

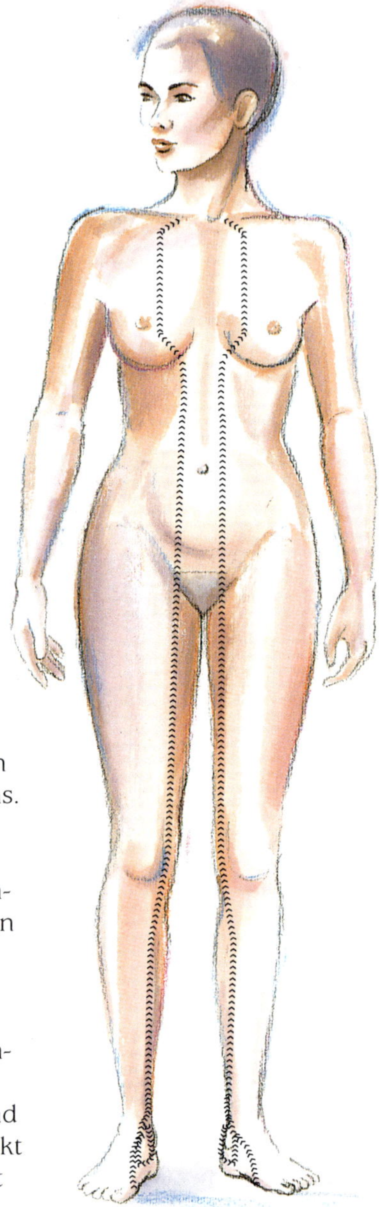

Die Niere ist ein Ausscheidungsorgan und hilft bei der Aufrechterhaltung des Gleichgewichts im Mineralstoffwechsel. Störungen im Funktionskreis des Nierenmeridians können sich in Form von gynäkologischen Erkrankungen oder als Schreckhaftigkeit, Ängstlichkeit sowie im Meridianverlauf (Sprung- und Kniegelenk) zeigen.

Nierenmeridian

Der Nierenmeridian verläuft auf beiden Körperseiten und beginnt in der Mitte der Fußballen. Sie erreichen diese Stelle, indem Sie sich auf die Außenkante Ihrer Füße stellen.

Fahren Sie von der Mitte des Fußballens schräg hoch auf die Innenseite des Beins. Beschreiben Sie um den Innenknöchel einen Kreis. Über der Knöchelspitze fahren Sie zuerst zum vorderen Rand der Achillessehne, dann weiter in einer Zacke zur Schienbein-Innenseite. Streichen Sie auf der Innenseite der Beine nach oben über Schambein, Bauch und Brustkorb bis zum Endpunkt des Nierenmeridians direkt unterhalb des Schlüsselbeins.

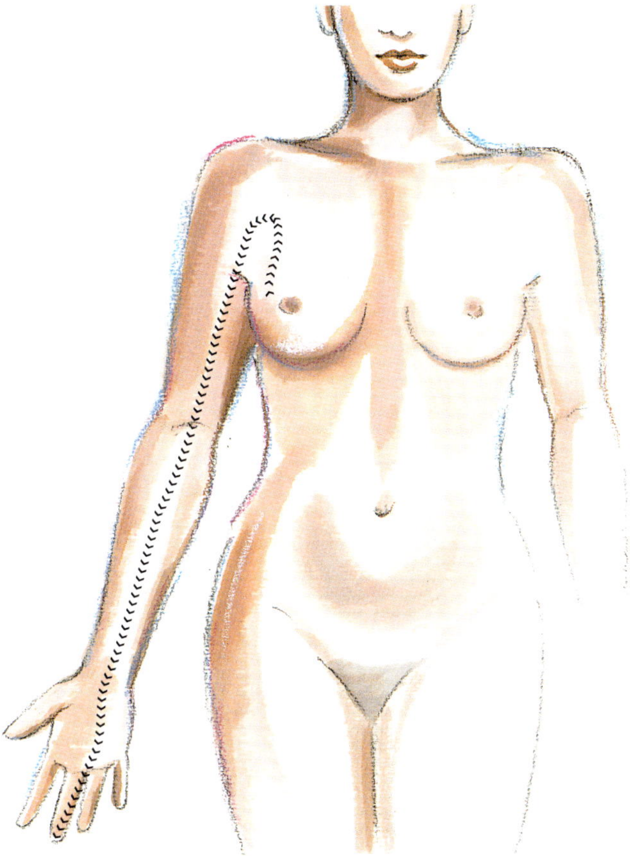

Störungen im Funktionskreis des Kreislauf-Sexus-Meridians können sich in Form von innerer Unruhe, Nervosität, Schlafstörungen und depressiven Verstimmungen zeigen.

Kreislauf-Sexus-Meridian

Dieser Meridian verläuft beidseitig von der Körpermitte weg über die Innenseiten der Arme zu den Händen.
Der Anfangspunkt des Kreislauf-Sexus-Meridians liegt ungefähr eine Daumenbreite seitlich der Brustwarze (zwischen der vierten und fünften Rippe).
Fahren Sie von dort aus nach oben Richtung Schulter, weiter über den Oberarm. Drehen Sie Ihren Arm so, daß die Handinnenfläche nach vorn zeigt. Streichen Sie weiter über den Unterarm bis zum Endpunkt dieses Meridians am zeigefingerwärts liegenden Nagelfalzwinkel des Mittelfingers.

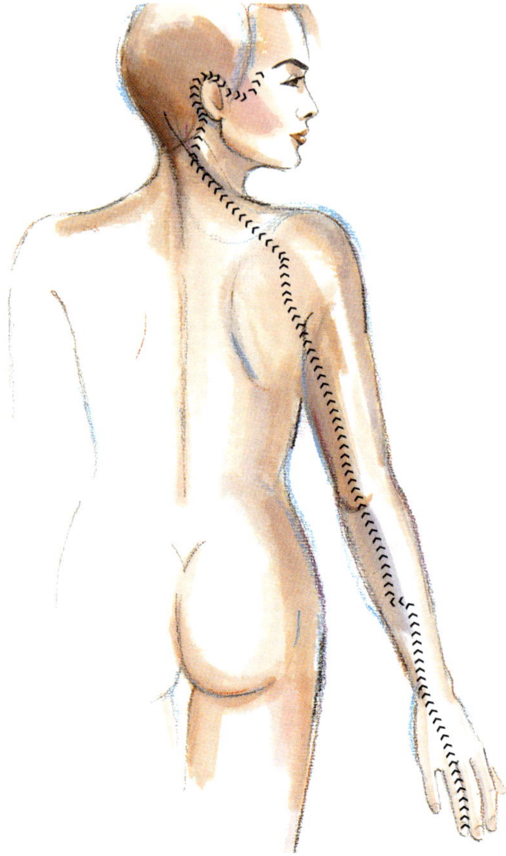

Der Dreifache-Erwärmer-Meridian steht in Beziehung zur Regulation des gesamten Säfteumlaufes im Körper. Er steht in Verbindung mit Augen, Ohren und dem endokrinen System (Drüsen).

Dreifacher-Erwärmer-Meridian

Dieser Meridian verläuft auf beiden Körperseiten über die Armaußenseiten zum Gesicht. Der Anfangspunkt des Dreifacher-Erwärmer-Meridians liegt am Nagelfalzwinkel des Ringfingers kleinfingerwärts.

Dort beginnen Sie und fahren zwischen dem kleinen Finger und dem Ringfinger über den Handrücken und weiter über Handgelenk, Ellbogen und Oberarm, Schultergelenk, Nackenbereich und hinter der Ohrmuschel entlang zum äußeren Augenbrauenrand. Hier liegt der Endpunkt des Dreifacher-Erwärmer-Meridians. Wechseln Sie jetzt den Arm.

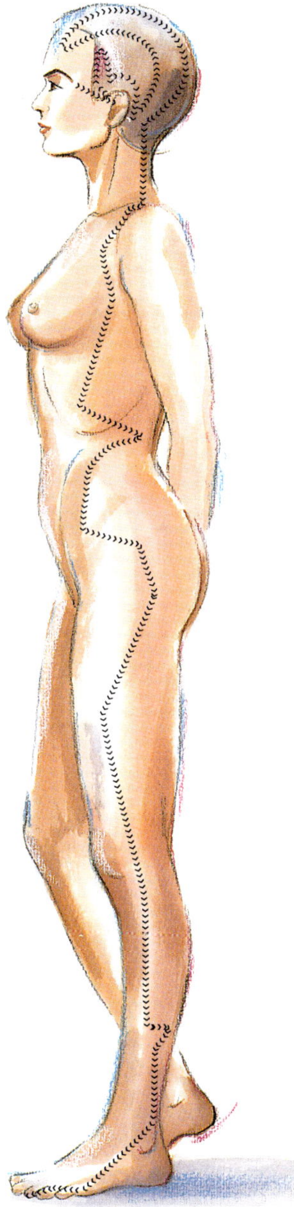

● **Gallenblasenmeridian**

Dieser Meridian verläuft auf beiden Körperseiten und beginnt direkt am äußeren Augenwinkel.

Fahren Sie von dort zum Ohr, dann zum Schläfenbein, wieder zurück zum Ohransatz, um die Ohrmuschel herum bis zum Warzenfortsatz, dem spürbaren Knochen direkt hinter dem Ohrläppchen. Streichen Sie weiter zur Stirn, wieder zum Hinterkopf bis zum Schulterbereich. Greifen Sie mit den Händen um, und gehen Sie weiter über die Körperseite nach unten. Beschreiben Sie in der Mitte des Unterschenkels eine Zacke in Richtung Wade; gehen Sie dann bis zum Nagelfalzwinkel des vierten Zehs (kleinzehwärts).

Zugluftabhängige Beschwerden, Wut, Zorn (»die Galle läuft über«) sind typische Hinweise auf Störungen im Funktionskreis des Gallenblasenmeridians.

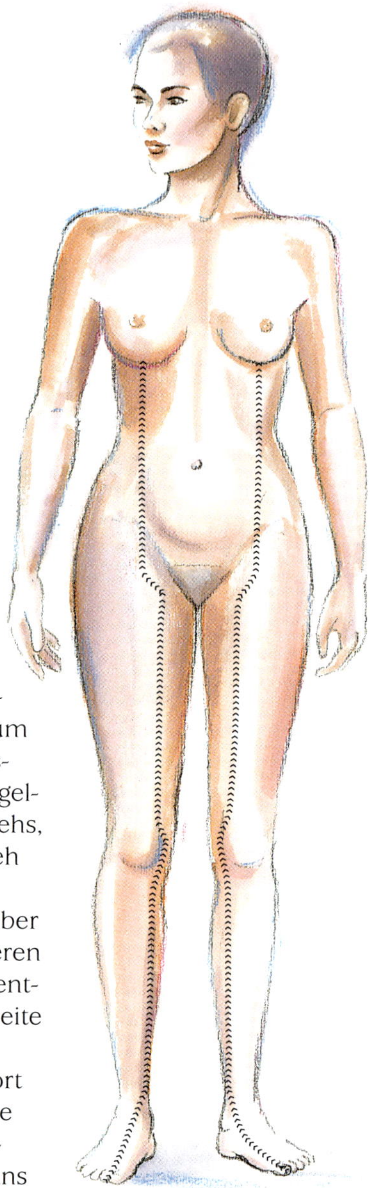

Stoffwechselstörungen, Hautprobleme, Furcht oder Ärger (»eine Laus über die Leber gelaufen«) können auf eine Störung im Lebermeridian hinweisen.

● Lebermeridian

Der Lebermeridian verläuft auf beiden Körperseiten über die Beine zum Brustkorb. Sein Anfangspunkt ist der äußere Nagelfalzwinkel des großen Zehs, welcher zum zweiten Zeh hinzeigt.

Von dort streichen Sie über den Fußrücken am inneren Rand des Fußknöchels entlang auf der Beininnenseite nach oben bis zur Taille (Ende der 11. Rippe). Dort fahren Sie zur Brustmitte und kommen zum Endpunkt des Lebermeridians (zwischen der 6. und 7. Rippe).

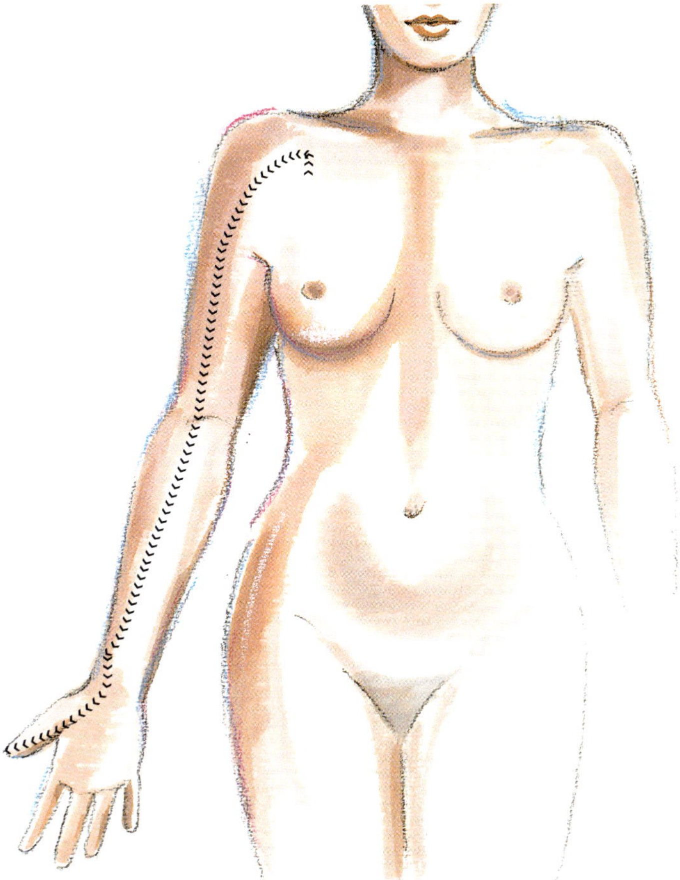

Zum Funktionskreis des Lungenmeridians gehören Atmung, Haut und Haare. Auf der emotionalen Ebene können sich Gefühle wie Kummer, Besorgnis, Traurigkeit oder übertriebenes Selbstmitleid als Störungen in diesem Funktionskreis äußern.

Lungenmeridian

Der Lungenmeridian verläuft über beide Arme. Sie beginnen auf der rechten Körperseite und finden den Anfangspunkt des Lungenmeridians eine Daumenbreite unter dem Schlüsselbein, direkt neben dem Schultergelenk. Drehen Sie den rechten Arm so, daß die Handinnenfläche nach vorn zeigt. Fahren Sie mit der linken Hand über Schultergelenk, Arm und Handgelenk bis zum Daumen. Dort enden Sie am Nagelfalzwinkel außen (nicht die Seite, die zum Zeigefinger hinzeigt). Gehen Sie dann zur linken Körperseite.

Störungen im Funktionskreis des Dickdarmmeridians können sich im Bereich der Nasennebenhöhlen, als Kopf- oder Zahnschmerzen oder Darmstörungen zeigen.

Dickdarmmeridian

Dieser Meridian verläuft beidseitig über die Arme zum Gesicht. Fahren Sie wieder beide Stränge einzeln ab. Sie beginnen an dem Nagelfalzwinkel des Zeigefingers, der zum Daumen hinzeigt. Fahren Sie über die Arme zur Schulter, über den Hals am Mundwinkel vorbei, und enden Sie in Höhe der Nasenflügel.

Jetzt haben Sie alle 14 Meridiane behandelt. Damit Sie sich die einzelnen Verläufe einprägen, empfiehlt es sich, das Abfahren jeweils ein- bis zweimal zu wiederholen.

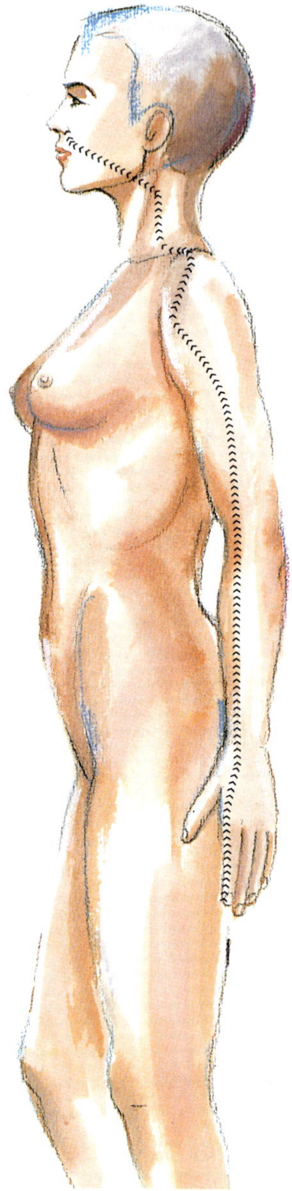

Die Meridiandusche

Bei der Meridiandusche müssen Sie nicht jeden der 14 wichtigsten Meridiane einzeln nachfahren: Sie führen Ihre Hände so über den Körper, daß Sie gleichzeitig mehrere Meridiane erreichen.

Die Meridiandusche ist zwar nicht ganz so wirkungsvoll wie die gezielte Behandlung der einzelnen Meridiane bei der Meridianmassage, dafür läßt sie sich aber auch mal schnell zwischendurch einschieben, und Sie können sie gut allein durchführen.

So führen Sie die Übung aus

Erster Schritt:

1 Setzen Sie sich auf einen Stuhl. Zuerst behandeln Sie die Arme.

- Sie beginnen mit dem rechten Arm. Drehen Sie ihn so, daß die Handinnenfläche nach oben zeigt.
- Ihre linke Hand setzt jetzt in der Vertiefung unterhalb des rechten Schultergelenks auf der Körpervorderseite an und fährt über das Schultergelenk zum Oberarm.
- Von dort streichen Sie mit der ganzen Hand auf der Arminnenseite nach unten in Richtung der Finger. Dabei führen Sie Ihre Hand quer zum Arm und spreizen die Finger leicht ab. Enden Sie bei den Fingerspitzen.

2 Jetzt drehen Sie Ihren Arm so, daß die Handinnenfläche wieder nach unten zeigt, und fahren von den Fingerspitzen ausgehend nach oben bis zur Schulter und von dort über die Seite des Halses zum Gesicht. Spreizen Sie dabei Ihre Finger wieder leicht. Dadurch erreichen Sie mit Ihren Fingerspitzen verschiedene Endpunkte einzelner Meridiane im Gesicht.

Mehr Spaß und Entspannung bringt die Übung, wenn Sie sich von einem Partner massieren lassen.

● Jetzt behandeln Sie die andere Körperseite und beginnen in der Vertiefung unterhalb der linken Schulter. Sie streichen also mit der rechten Hand über das Schultergelenk und den Oberarm.

● Dann gehen Sie auf der Arminnenseite nach unten und enden bei den Fingerkuppen.

Drehen Sie den Arm danach wieder so, daß die Handinnenfläche zum Boden zeigt, und fahren Sie ausgehend von den Fingerspitzen, über Handrücken, Unterarm, Ellbogenbereich über die Schulter, den seitlichen Hals zum Gesicht. Die gespreizten Finger liegen jetzt gegengleich auf den einzelnen Endpunkten.

TIP

Zwei Fliegen mit einer Klappe: Machen Sie die Übung morgens oder abends unter der Dusche!

Zweiter Schritt:

❸ Beim zweiten Teil der Meridiandusche starten wir im Gesicht. Jetzt können Sie auch mit beiden Händen gleichzeitig arbeiten.

● Legen Sie Ihre Daumen auf die äußeren Augenwinkel. Klein-, Ring- und Mittelfinger legen Sie übereinander in den inneren Augenwinkel. In dieser Fingerstellung fahren die Hände über die Augen Richtung Stirn, dann über den Ober- und Hinterkopfbereich und den Nacken.

4 Setzen Sie hier ab, und greifen Sie mit den Händen um: Setzen Sie beide Hände so weit oben wie möglich auf den Rücken, und fahren Sie mit leicht gespreizten Fingern links und rechts entlang der Wirbelsäule nach unten.

- Fahren Sie über das Gesäß und weiter an den Außenseiten der Oberschenkel und der Waden nach unten bis zu den Zehen. Sie »landen« jetzt an den kleinen Zehen, den Endpunkten des Blasenmeridians, und berühren dabei auch die vierten Zehen, die Gallenblasenmeridian-Endpunkte.

Dritter Schritt:

- Im dritten und letzten Abschnitt der Meridiandusche verlagern Sie Ihr Gewicht auf die Außenseite der Füße.

5 Starten Sie an den Füßen in der Mitte der Fußballen - hier liegen die Anfangspunkte des Nierenmeridians - , und fahren Sie mit beiden Händen weiter entlang der Innenseite der Beine nach oben, vorbei an den Kniekehlen, den Oberschenkelinnenseiten und dem Bauch.

- Halten Sie sich dabei circa eine Daumenbreite von der Körpermittellinie entfernt.
- Sie beenden die Linie direkt unterhalb des Schlüsselbeins auf den Endpunkten des Nierenmeridians,

Die Kinesiologie stimmt mit der chinesischen Heilkunde darin überein, daß nicht das reibungslose Funktionieren von Organen, Knochen, Muskeln oder Nerven über unsere Gesundheit entscheidet, sondern das freie und ungehinderte Fließen der Lebensenergie Qi.

genau unter dem Schlüsselbein links und rechts vom Brustbein.

- Wiederholen Sie Schritt eins bis drei drei- bis viermal.

Nagelmassage

Die Nagelmassage ist eine Übung, mit deren Hilfe Sie schnell und unkompliziert die Meridianenergie anregen können. Ihre Wirkung ist weniger intensiv als die der Meridianmassage, aber dafür läßt sie sich schneller durchführen.

Die Nagelmassage können Sie mit Ihrem Baby gut machen, wenn es in Ihrem Schoß oder auf dem Wickeltisch liegt.

Entspannung und Beruhigung

Bei dieser Übung machen wir uns die Tatsache zunutze, daß alle 12 Hauptmeridiane an den Nagelfalzwinkeln der Finger- beziehungsweise Zehennägel beginnen oder enden. Indem die Nagelfalzwinkel massiert werden, erreichen wir indirekt auch alle Anfangs- oder Endpunkte der Meridiane und bringen die Energie dort wieder zum Fließen. Zwar liegen nicht an jedem Finger auf beiden Seiten des Nagels Meridianpunkte, aber wir massieren immer beidseitig, weil es die Übung einfacher und angenehmer macht.
Massieren Sie sich selbst, oder bitten Sie Ihren Partner oder Ihre Partnerin darum, Ihnen eine Massage zu geben.
Mit Hilfe der Nagelmassage können nicht nur Erwachsene schnell wieder auftanken. Die Massage ist auch für Babys und für Kleinkinder geeignet. Sie wirkt entspannend und beruhigt auch zappelige Kinder.

So führen Sie die Übung aus

- Derjenige, der massiert wird, sitzt oder liegt bequem auf seinem Bett oder einer Unterlage.
- Setzen oder knien Sie sich daneben, und beginnen Sie mit der Massage an den Händen.
- Nehmen Sie die rechte oder linke Hand Ihres Partners oder Ihres Kindes in Ihre Hände, und massieren Sie gleichzeitig am besten mit Ihrem Daumen und Zeigefinger den inneren und äußeren Nagelfalzwinkel an jedem Finger mit leichtem Druck.
- Beginnen Sie mit dem Daumennagelfalzwinkel innen und außen, fahren fort mit dem Zeigefinger, Mittelfinger, Ringfinger und Kleinfinger.

- Dann nehmen Sie die andere Hand und massieren ebenso.
- Danach gehen Sie nacheinander die Nagelfalzwinkel aller Zehen durch.
- Wenn Sie die Massage allein machen, massieren Sie zuerst die eine, dann die andere Hand und anschließend, wie bei der Partnermassage, die Fußnägel.

Die emotionale Stabilität stärken

Vielleicht kennen Sie das? An manchen Tagen kommt es knüppeldick. Sie sind »schlecht drauf«, und irgendwie scheinen Ihre Mitmenschen das zu spüren, denn meist dann bekommen Sie von ihnen noch ein weiteres Päckchen aufgeladen. Oder: Eigentlich geht es Ihnen ganz gut. Dann treffen Sie jemanden, der ein Problem hat. Vielleicht reden Sie darüber oder auch nicht. In jedem Fall fühlen Sie sich, nachdem der Mensch wieder weg ist, auf einmal schlapp und ausgelaugt. Am liebsten würden Sie sich hinlegen und schlafen. Woher diese Reaktion kommt, ist bisher unbekannt. Aber es gibt verschiedene Erklärungsmodelle. In der Kinesiologie werden diese Erscheinungen auf die Energie zurückgeführt, die jeder Mensch von außen aufnimmt und die (in den Meridianen) unseren Körper durchströmt.
Wie wir wissen, ist der Körper von einem elektromagnetischen Energiefeld umgeben. Dies können wir uns auch als unseren energetischen Schutzschild vorstellen. Wenn unsere Energie geschwächt ist, hat das nicht nur Auswirkungen auf

TIP

Vor allem diejenigen, die viel Kontakt mit anderen haben, wie zum Beispiel Therapeuten, aber auch Menschen, die sich privat stark engagieren, sollten die Schutzschildübung regelmäßig machen.

den Körper, sondern ebenso auf die Psyche. Der Schild hat »Löcher«, durch die wir auch in emotionaler Hinsicht verletzlicher werden. Dann treffen uns negative Einflüsse und Äußerungen von anderen sehr viel stärker. Oft ziehen wir in solchen Fällen Negatives geradezu an.
Auch negative Gedanken oder ungute Stimmungen anderer Menschen, ja sogar deren körperliche Symptome, werden häufig von uns wahrgenommen und können sich ungünstig auf uns auswirken. Therapeuten kennen dieses Phänomen vielleicht aus eigener Erfahrung: Nach einer Massage oder einer kinesiologischen Balance kann es passieren, daß es der behandelten Person wieder besser geht, während der Behandler jetzt zum Beispiel mit den Kopfschmerzen zu kämpfen hat, über die zuvor der Patient klagte.
Wenn Sie sich einen Schutzschild aufgebaut haben, heißt das nicht, daß Sie anderen keine Energie mehr zur Verfügung stellen können. Das Gegenteil ist der Fall: Sie werden nur nicht mehr Energie abgeben, als gut für Sie ist.
Der Schutzschild bewirkt auch nicht, daß Sie negative Äußerungen nicht mehr zur Kenntnis nehmen. Aber er hilft Ihnen, besser mit solchen Äußerungen umzugehen. Ein Beispiel: Ihr Kind oder Ihr Partner beschimpft Sie, und Sie fühlen sich getroffen. Eine solche Situation eskaliert leicht, wenn Sie emotional reagieren und Ihrerseits versuchen, den anderen zu treffen. Mit einem intakten Schutzschild fällt es Ihnen leichter, Ruhe zu bewahren. Sie haben die Chance, die Situation besser zu verstehen und sie damit günstig zu beeinflussen.

TIP

Diese Übung ist auch für Schüler gut geeignet, um negative äußere Einflüsse in Ihrer Wirkung abzumildern

Schutzschild aufbauen

Mit dieser Technik stärken Sie Ihre emotionale Stabilität und schützen Ihr eigenes Energiefeld vor schwächenden äußeren Einwirkungen durch andere Menschen oder eine bestimmte Umgebung. Sie treffen damit Vorsorge, daß Ihnen keine Energie entzogen wird.
Legen Sie sich den Schutzschild zu, wenn Sie unangenehme Gespräche führen müssen oder mit Menschen zusammenkommen, mit denen Sie öfter Probleme haben. Der Schutzschild kann auch in der Schule oder im Büro, selbst beim täglichen Einkauf im Supermarkt hilfreich sein.

So führen Sie die Übung aus

Sie bauen sich Ihren persönlichen Schutzschild im Kopf mit Ihren Gedanken. Nehmen Sie sich am Anfang etwas Zeit für diese Übung.

- Suchen Sie sich einen bequemen Platz - in einem gemütlichen Sessel oder auf dem Sofa -; oder noch besser, Sie machen die Übung gleich morgens nach dem Aufwachen im Bett.
- Atmen Sie ruhig und gleichmäßig, und stellen Sie sich vor, Sie seien von einem Schutzschild umgeben. Wie er aussieht, ist ganz egal. Gehen Sie nach Ihrem Gefühl, und entscheiden Sie, welche Art Schutzschild Ihnen am meisten Geborgenheit gibt. Prallt Negatives an Ihrem Schild ab, oder müssen Sie ihn noch ein bißchen verändern? Läßt Ihr Schild positive und neutrale Informationen durchdringen? Dann ist er gut.
- So könnte Ihr persönlicher Schutzschild aussehen:
  - eine Lichthülle, die Sie wie eine Eierschale ganz umgibt
  - ein Lichterbogen, der sich über Ihnen spannt oder Sie ganz umhüllt
  - eine Rüstung, ein Motorradanzug mit Helm, ein Regenmantel, an dem Negatives wie Wasser abperlt oder ein Regenschirm
  - eine zweite Haut, vielleicht in einer speziellen Farbe
  - ein Umhang in einer besonderen Farbe oder mit einem Symbol (Bär, Blume, Kreuz . . .)
- Bestimmt finden Sie einen Schild, der für Sie paßt.
- Nachdem Sie die Übung morgens im Bett gemacht haben, sollten Sie sich mehrmals täglich diesen Schutzschild vorstellen.
- Je öfter Sie die Technik anwenden, desto schneller stellt sich das dazugehörige Gefühl von Geborgenheit und Sicherheit ein. Nach einiger Zeit reicht schon der bloße Gedanke daran, und Sie spüren die schützende Wirkung.

Lassen Sie es nicht zu, daß die schlechten Stimmungen oder negativen Gedanken der Menschen, mit denen Sie zu tun haben, Ihre Energie übermäßig schwächen. Bauen Sie sich einen Schutzschild auf.

Aktiv ins Gleichgewicht kommen

Gleichgewicht bedeutet nach kinesiologischem Verständnis Gesundheit. Damit ist sowohl das körperliche als auch das geistig-seelische Gleichgewicht gemeint. Die folgenden kinesiologischen Übungen helfen Ihnen, Ihr Gleichgewicht zu erhalten oder immer wieder schnell die Balance zu finden. Das geschieht zum einen über bestimmte Bewegungsabläufe, zum anderen über die Auseinandersetzung mit persönlichen Problemen.

Ungefähr so groß wie eine Grapefruit, hat das menschliche Gehirn ein Gewicht von circa 1300 Gramm.

Überkreuzbewegungen

Unser Gehirn ist vergleichbar mit einem Rechner, der über eine Unmenge von Programmen verfügt. In der Streßsituation allerdings stellt dieser Rechner nur ein Notprogramm zur Verfügung. Unter Streß können wir nicht klar und logisch denken, sondern das Gehirn wählt aufgrund unserer Erfahrungen und unter Berücksichtigung der aktuellen Situation ein Handlungsmuster aus. Dieses soll uns vor Schmerz oder Angst schützen und damit unser »Überleben« sichern. Nur wenn wir entspannt sind, können wir über alle Programme unseres »Rechners« verfügen und Handlungsalternativen in Erwägung ziehen.

Linke und rechte Gehirnhälfte

Unser Gehirn besteht aus verschiedenen Teilen, die entwicklungsgeschichtlich gesehen unterschiedlich alt sind. Der jüngste Teil ist das Großhirn mit den beiden Hemisphären - der linken und rechten Gehirnhälfte.

Jedes Gehirnareal erfüllt bestimmte Aufgaben: Die rechte Gehirnhälfte steuert die Funktionen der linken Körperseite, die linke Gehirnhälfte ist mit der rechten Körperseite verbunden. Außerdem ist die linke Gehirnhälfte bei den meisten Menschen für logisches und analytisches Denken, für Details und Struktur zuständig. Sie wird deshalb auch analytische Gehirnhälfte genannt. Die rechte Gehirnhälfte ist die »kreative«: Sie sorgt für den Überblick über das große

Ganze. Gefühle, Farben und Rhythmusgefühl haben dort ihren Platz.
Wenn wir unter Streß stehen, dominiert in der Regel eine der beiden Gehirnhälften, das heißt, wir können in diesem Moment nicht über unser gesamtes geistiges Potential, über analytische und kreative Fähigkeiten gleichzeitig verfügen.

Überkreuzbewegungen lösen Blockaden

Das Ziel in der Kinesiologie ist, diese Rechts-links-Blockade zu beseitigen. Dazu arbeiten wir mit der Überkreuzbewegung: Indem wir gleichzeitig das rechte Bein und den linken Arm beziehungsweise das linke Bein und den rechten Arm bewegen, müssen rechte und linke Gehirnhälfte zusammen tätig werden. Die Blockade löst sich auf.

So führen Sie die Übung aus

❶ Überkreuzbewegung im Liegen

Legen Sie sich bequem auf den Rücken. Winkeln Sie das rechte Bein an, und berühren Sie das rechte Knie mit der linken Hand. Legen Sie Arm und Bein wieder ab.
Heben Sie dann Ihr linkes Bein an, und führen Sie die rechte Hand an das linke Knie. Auch das linke Bein und den rechten Arm wieder entspannt ablegen. Sie können bei diesen Bewegungen Ihren Kopf leicht anheben, damit Sie zu Ihren Beinen sehen.
Wiederholen Sie diesen Bewegungsablauf ungefähr 20mal, immer im Wechsel.

TIP

Bei allen Überkreuzbewegungen immer langsam beginnen und nach Lust und Laune das Tempo steigern oder langsam bleiben. Es macht auch Spaß, die Überkreuzbewegungen einmal im Zeitlupentempo durchzuführen.

»Das Überkreuzbewegungsmuster kennzeichnet jede rhythmische, ausgeglichene Bewegung, die verlangt, daß man die rechte und die linke Körperseite dynamisch in Beziehung bringt, während man sich zugleich des oberen und unteren Teils des Körpers bewußt ist.«

(Dr. Paul E. Dennison)

❷ Überkreuzbewegung vorn

Bewegen Sie zunächst Ihre Beine, als ob Sie eine hohe Treppe hinaufsteigen wollten. Nehmen Sie dann Ihre Arme dazu: Berühren Sie mit der rechten Hand Ihr linkes Knie und mit der linken Hand Ihr rechtes Knie im Wechsel, während Sie die Beine weiterhin abwechselnd nach oben anheben.
Führen Sie diese Bewegung so lange aus, bis sie Ihnen keine Mühe mehr macht.

❸ Überkreuzbewegung hinten

Sie stehen gerade. Nehmen Sie Ihren rechten, gestreckten Arm nach hinten, und versuchen Sie, mit der rechten Hand die linke Ferse zu berühren, die ebenfalls gleichzeitig nach hinten oben geführt wird.
Machen Sie dann dieselbe Bewegung mit dem linken Arm, der linken Hand und dem rechten Fuß. Hände und Füße müssen sich dabei nicht tatsächlich berühren. Es geht nur um die Bewegungsrichtung. Nützen Sie Ihren natürlichen Bewegungsspielraum, aber machen Sie keine Bewegung, die Ihnen unangenehm ist. Wiederholen Sie diesen Bewegungsablauf so lange, bis er Ihnen ganz leichtfällt. Und bedenken Sie: Üben Sie nicht hastig und vor allem ohne Ehrgeiz. Es geht hier nicht um sportliche Leistung.

4

4 Überkreuzbewegung zur Seite

Sie stehen gerade. Strecken Sie Ihren rechten Arm seitlich nach oben, und heben Sie Ihr linkes gestrecktes Bein gleichzeitig seitlich nach oben, so daß Sie für diesen Moment auf einem Bein stehen. Bringen Sie dann Arm und Bein wieder in die Ausgangsposition zurück. Strecken Sie den linken Arm seitlich nach oben, und heben Sie gleichzeitig das gestreckte rechte Bein seitlich an.

5

5 Twistvariante

Diese Übung macht besonders mit Musik Spaß: Sie stehen gerade. Schwenken Sie das linke Bein über das rechte, den rechten Arm schwingen Sie in Richtung linke Hüfte. Dann kreuzen Sie Ihr rechtes Bein über das linke, und der linke Arm schwingt in Richtung rechter Hüfte. Machen Sie diese Bewegung ständig im Wechsel. Wenn Sie möchten, schnalzen Sie zusätzlich mit den Fingern zur Musik.

Hüpfvariante

Wenn Sie Lust haben, sich auszutoben, wählen Sie diese Variante der Überkreuzbewegung: Sie stehen gerade. Hüpfen Sie vom rechten auf das linke Bein, während Ihr rechter Arm locker nach oben schwingt. Dann hüpfen Sie vom linken auf das rechte Bein, und Ihr linker Arm schwingt nach oben.

TIP

Wenn Sie alle Varianten leicht und automatisch machen können, lassen Sie zusätzlich dazu die Augen kreisen, wie es in der Übung »Augen einschalten« auf Seite 37 beschrieben ist.

Die Cook-Übung

Der Chiropraktiker und Kinesiologe Dr. Wayne Cook entwickelte eine Technik, die schnell ausgleichend auf Körper und Seele wirkt. Sie hilft, zwischendurch im Büro oder nach einem anstrengenden Arbeitstag schnell zu entspannen.

Entspannung und Besinnung

Die Cook-Übung unterstützt den elektromagnetischen Energiefluß im Körper. Dies führt zu einem Energiegleichgewicht in den Meridianen, das sich auch positiv auf alle lebenswichtigen Körperfunktionen wie zum Beispiel Durchblutung und Entgiftung auswirkt. Die Übung wirkt aber auch auf der psychischen Ebene: Sie macht innerlich ruhig, emotionaler Streß wird abgebaut, unsere Vitalität, Selbstwahrnehmungs- und Abgrenzungsfähigkeit steigen.
Die Cook-Übung besteht aus zwei Teilen: Teil eins verbindet die Energiekreisläufe im Körper und löst Energieblockaden auf. Teil zwei fördert die Zusammenarbeit zwischen der rechten und der linken Gehirnhälfte.

TIP

Die Cook-Übung ist auch gut geeignet für Kinder, die nach der Schule zappelig, nervös und unkonzentriert sind. Machen Sie die Übung mit Ihrem Kind auch dann, wenn es lange Zeit vor dem Fernseher oder Computer verbracht hat.

Variationen der Cook-Übung

Mit Augenkreisen:

Sie können die Cook-Übung zusätzlich mit dem Augenkreisen (siehe Seite 37) kombinieren. Dabei gehen Sie in den beiden Cook-Haltungen die verschiedenen Augenpositionen durch. Sie kreisen also mit Ihren Augen zuerst im Uhrzeigersinn, dann entgegengesetzt und lassen Ihre Augen abschließend an der Linie einer vorgestellten liegenden Acht entlangwandern. Dadurch aktivieren Sie verschiedene Gehirnbereiche und können emotionalen Streß noch wirkungsvoller auflösen.

Im Liegen:

In manchen Fällen, zum Beispiel wenn Sie müde sind oder gegen Ende einer Schwangerschaft, ist es angenehmer, die Cook-Übung im Liegen zu machen. Dabei kreuzen Sie die Beine im ersten Schritt lediglich im Knöchelbereich. Die Handhaltung bleibt gleich, die Arme liegen auf dem Brustkorb. Im zweiten Schritt liegen die Beine ungekreuzt nebeneinander. Die Handhaltung ist die gleiche wie beim Sitzen.

So führen Sie die Übung aus

Schritt eins:

❶ Setzen Sie sich auf einen Stuhl, und kreuzen Sie Ihre Beine übereinander. Entscheiden Sie dabei nach Ihrem eigenen Gefühl, welches Bein Sie über das andere legen möchten. Kreuzen Sie die Beine lediglich im Knöchelbereich, so daß die Knie freibleiben.
Strecken Sie nun Ihre Arme nach vorn aus, und kreuzen Sie die Handgelenke so, daß die Handflächen aufeinandertreffen. Verschränken Sie die Finger ineinander, beugen Sie die Arme, und führen Sie die verschränkten Hände vor die Brust. Stützen Sie Ihre Unterarme auf dem Brustkorb leicht ab, so daß sie eine bequeme Haltung haben.

- Legen Sie jetzt Ihre Zunge an den oberen Gaumen, direkt hinter die vorderen Schneidezähne. Verbinden Sie das mit Ihrem Atemrhythmus, indem Sie beim Einatmen mit der Zunge leicht gegen den Gaumen drücken, beim Ausatmen wieder etwas locker lassen. (Die Zunge bleibt aber immer am Gaumen.) Schließen Sie dabei die Augen. Atmen Sie tief ein und aus, bis Sie merken, daß Sie ruhiger werden. Achten Sie darauf, auch die Schultern zu entspannen.
- Sie können jetzt einfach so sitzen, entspannen und sich auf Ihren Atem konzentrieren. Sollten unangenehme Gedanken oder Gefühle in Ihnen hochsteigen, setzen Sie sich damit gedanklich auseinander. Sie können dieselben Techniken anwenden, die in der ESR-Übung (siehe Seite 80) beschrieben werden (dem Gefühl Farbe zuordnen, Farbe und Gefühl abfließen lassen oder ähnliches).

Oder Sie konzentrieren sich gleich auf ein Problem, das Sie im Moment beschäftigt, und warten, bis das Thema an Bedeutung verliert und Ihnen andere Gedanken kommen.

Die Cook-Übung hilft Ihnen, sich zu sammeln und zu konzentrieren.

Oder Sie stellen sich den heutigen oder morgigen Tag dabei vor.
Bei allen drei möglichen Varianten bauen Sie mit der Harmonisierung der Energien durch die spezielle Sitzposition gleichzeitig emotionalen Streß ab, auch ohne daß Sie wie bei der ESR-Technik die Stirnbeinhöcker berühren.

Schritt zwei:
❷ Im zweiten Teil der Cook-Übung stellen Sie Ihre Füße wieder nebeneinander auf den Boden. Die Arme lösen sich voneinander.

- Nun stellen Sie sich vor, daß jede Ihrer Hände eine Gehirnhälfte darstellt. Führen Sie beide Hände langsam zusammen, bis sich die Fingerspitzen berühren. Denken Sie dabei daran, daß die rechte und linke Gehirnhälfte wie eine Einheit, als gutes Team zusammenarbeiten.
- Lassen Sie die Zunge beim Einatmen am oberen Gaumen, und entspannen Sie Ihre Zunge beim Ausatmen. Bleiben Sie ungefähr eine Minute in dieser Position, wenn Sie möchten, auch länger.

TIP

Zur 5-Elemente-Farbenbalance gibt es einen Kartensatz von Alexander Reichl. Diese Karten in den Farben der 5 Elemente informieren über die zugehörigen Meridiane, Emotionen und Affirmationen. Sie sind über den VAK erhältlich (Adressen, die weiterhelfen; Seite 155)

Die Farbenbalance

Zahlreiche Therapien wie Farbakupunktur, Autogenes Training oder die anthroposophische Medizin arbeiten mit Farbwirkungen. Farben lösen Gefühle aus und verstärken Stimmungen. Wir können uns ihrer Wirkung nicht entziehen. Jeder Mensch hat Lieblingsfarben, die er gerne trägt oder mit denen er sich am liebsten umgibt. Intuitiv greifen wir an manchen Tagen im Kleiderschrank zu Blau, wenn wir Ruhe und Ausgleich suchen. Rot dagegen ist unsere Farbe, wenn wir aktiv und unternehmungslustig sind. Diese Stimmungen werden oft nicht bewußt wahrgenommen, und auch Farben wirken unterschwellig. Vielleicht kennen Sie von sich auch Phasen, in denen Sie sich besonders gerne in Blau, Schwarz, Grau, Gelb, Rot oder Grün kleiden? Sie bringen damit bewußte oder unbewußte Stimmungen zum Ausdruck.

Emotional ins Gleichgewicht kommen

Bei der Übung Farbenbalance von der Schweizer Kinesiologin Rosemarie Sonderegger wird die harmonisierende Wirkung von Farben auf die Psyche genutzt, um das emotionale Gleichgewicht wiederherzustellen. Die Farbenbalance basiert

Farbenbalance der Fünf Elemente

Farbe/ Element	Negative Aspekte auflösen	Positive Aspekte auslösen
Grün/ Holz	man kann und will nicht weiter mangelnde Ausdauer Unfähigkeit, sich Geltung zu verschaffen	innere Ruhe, wachsen, werden Selbstbehauptung versöhnen
Rot/ Feuer	Aggression, hungrig begehren Erschöpfung, Haß Drang, Wirkung zu erzielen	Impuls, aktiv zu sein Mut, Enthusiasmus, Körperlichkeit autonom sein, Stärke des Herzens
Gelb/ Erde	Überreizung, blockierte Gefühle Leere, Isolation, Leichtsinn	Entspannung, sinnvolles Handeln Weltzugewandtheit ruhig, gelöst Wunsch nach Befreiung
Weiß/ Metall	rigide, steril steif, trostlos verdecken innerer Labilität eigene Bedürfnisse aufgeben	klar, offen heiter, hell rein, unschuldig bereit, sich zu öffnen
Blau/ Wasser	ausgelaugt sein Furcht, Verlorenheit Sucht, Fernweh Sehnsucht nach dem »Unerreichbaren«	innere Führung, Rückbesinnung auf sich selbst Einsicht, Frieden, Geborgenheit

auf der chinesischen Fünf-Elemente-Lehre (siehe Seite 15). Wie Sie bereits wissen, sind den fünf Elementen sowohl bestimmte Farben als auch Meridiane und damit Organe beziehungsweise Funktionskreise zugeordnet. Mit Hilfe dieser Übung harmonisieren wir also nicht nur die Psyche, sondern regen auch den Energiefluß in den Meridianen an. Die Farbenbalance wirkt somit ausgleichend auf Psyche und Körper und ist besonders effektiv, wenn das Energieungleichgewicht durch emotionalen Streß ausgelöst wurde.

Sheng- und Ko-Zyklus

Erinnern Sie sich: Die Fünf Elemente stehen auf zwei Arten in Beziehung zueinander: Der nährende Sheng-Zyklus, in dem die Elemente als Kreis dargestellt sind, sorgt dafür, daß die Energie fließt. Der kontrollierende Ko-Zyklus, in dem die Beziehung der Elemente zueinander als fünfzackiger Stern beschrieben ist, sorgt dafür, daß kein Element (Meridian, Organ/Funktionskreis, Gefühl, Farbe und so weiter) zuviel Energie abbekommt.

TIP

Die Übung Farbenbalance eignet sich hervorragend zum täglichen Streßabbau.

Körperlicher oder psychischer Streß kann die Steuerungsmöglichkeiten der beiden Zyklen überfordern: Es kommt zur Energieblockade. Dies zeigt sich im Beispiel der Farben dadurch, daß eine oder mehrere Farben, die den Fünf Elementen zugeordnet sind, unangenehme Gefühle (Unruhe, Unbehagen) in uns auslösen. Das heißt, hier besteht ein Ungleichgewicht, das Sie mit der Farbenbalance auflösen können.

So führen Sie die Übung aus

- Sie stehen oder sitzen und blicken auf die Abbildung der Farben im Sheng- beziehungsweise Ko-Zyklus.
- Legen Sie dabei eine Hand - es hat keine Bedeutung, welche Sie wählen - auf die Stirn, die andere auf den Hinterkopf. Das ist die Position aus der ESR-Übung (siehe Seite 80), mit deren Hilfe wir emotionalen Streß auflösen können.
- Sehen Sie sich nun die Farben zuerst im Sheng-Zyklus nacheinander im Uhrzeigersinn und dann im Ko-Zyklus in Form des fünfzackigen Sterns an (Abbildung Seite 79).

- Sheng-Zyklus:

Sie beginnen bei Rot, gehen zu Gelb, dann zu Weiß, Blau, Grün und enden bei Rot. Lassen Sie sich beim Anschauen der Farben Zeit, und spüren Sie in sich hinein, wie die Farben auf Sie wirken. Atmen Sie regelmäßig und ruhig. Fühlen Sie sich bei einer Farbe unbehaglich, unwohl oder unruhig, bleiben Sie weiter mit den Augen auf dieser Farbe, während Sie die Hände in der ESR-Position halten, bis das Gefühl nachläßt. Ist der Kreis beendet, starten Sie mit dem Ko-Zyklus. Sie können den Sheng-Zyklus bei Bedarf auch ohne weiteres noch einmal durchgehen.

- Ko-Zyklus:

Sie blicken zuerst zu Gelb, gehen dann zu Blau, Rot, Weiß, Grün und enden bei Gelb. Lassen Sie Ihre Hände in der ESR-Position. Arbeiten Sie nach dem gleichen Prinzip wie beim Sheng-Zyklus. Auch hier können Sie die Übung nach Bedarf wiederholen.

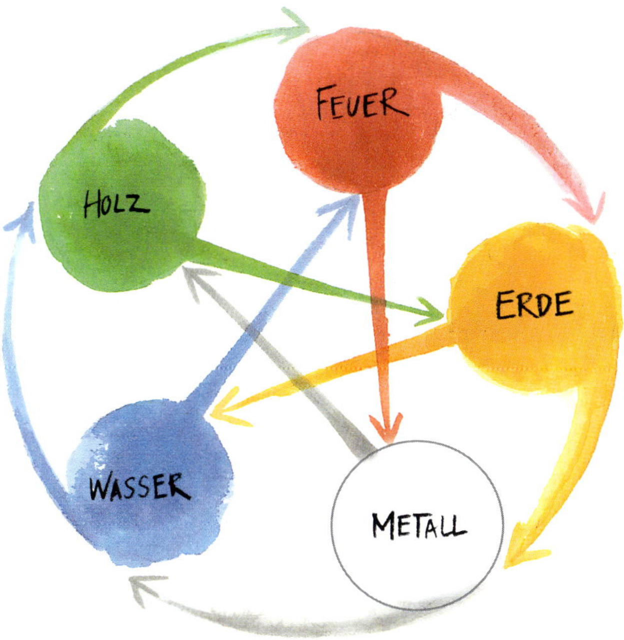

Wenn Sie regelmäßig mit der Farbenbalance arbeiten wollen, lohnt es sich, die extra für diese Übung gemachte Farbkarte von Rosemarie Sonderegger-Studer zu bestellen (Bezugsquelle siehe Adressen, die weiterhelfen, Seite 155).

Emotionale Streßreduktion (ESR)

An manchen Tagen können wir keinen klaren Gedanken fassen. Wir sind - ohne eigentlich zu wissen, warum - ganz durcheinander. Dieser Zustand kann durch äußere Ereignisse, zum Beispiel eine unangenehme Nachricht, oder durch längerdauernde emotionale Belastungen, Sorgen oder Ängste ausgelöst worden sein. Unsere Gefühle sind verwirrt, unser Denken blockiert. Wir wissen nicht mehr recht, was wir eigentlich wollen oder uns vornehmen sollen und fühlen uns fremd in der eigenen Haut.

Weil nach kinesiologischer Auffassung Denken, Fühlen und körperliche Vorgänge sich gegenseitig beeinflussen, können wir davon ausgehen, daß in solchen Fällen auch der Energiefluß in den Meridianen aus dem Gleichgewicht geraten ist. Leiden wir unter bestimmten Stimmungen und Gefühlen, so sind wir emotional aus dem Gleichgewicht. Mit Hilfe spezieller kinesiologischer Techniken können wir wieder in die Balance kommen. Zwar verschwinden deshalb die emotionalen Belastungen und Probleme nicht, aber wir sind wieder in der Lage, in Ruhe über unsere Situation nachzudenken und Lösungen zu finden. Innere Ruhe und Entspannung stellen sich ein.

Bei schweren psychischen Traumata sollten Sie auf jeden Fall die Hilfe eines geschulten Therapeuten in Anspruch nehmen.

Innere Beruhigung und Klarheit

Wenn unser Energiesystem durch emotionalen Streß überlastet wird, kommt es zu Energieblockaden. In solchen Fällen eignet sich die Übung »Emotionale Streßreduktion« (ESR), die ein Klassiker der Angewandten Kinesiologie ist. Mit Hilfe der ESR-Technik können Sie alltägliche seelische Belastungen besser bewältigen.

Machen Sie die Übung, um nach einem anstrengenden, stressigen Tag wieder ruhig zu werden. Bringen Sie damit Klarheit in Ihre Gedanken, oder arbeiten Sie gezielt an einem emotionalen Problem. ESR eignet sich als Vorbereitung auf aufregende Ereignisse aller Art (Prüfungen, Klassenarbeiten, Vortrag-Halten, Zahnarztbesuch, Hochzeit, Geburt eines Kindes (siehe Seite 88). Sie können damit Alpträume »bearbeiten« oder einen erholsamen Schlaf erreichen. Die Übung ist sehr vielseitig und paßt sich individuellen Bedürfnissen optimal an.

Wichtige Punkte berühren

Bei der ESR-Technik arbeiten wir mit den neurovaskulären Punkten (siehe Seite 44) des Magenmeridians. Es ist kein Zufall, daß Dauerstreß vielen Menschen auf den Magen schlägt! Indem diese Punkte (Stirnbeinhöcker) berührt werden, verbessert sich die Durchblutung im vorderen Hirnbereich, der für gezieltes, bewußtes Handeln zuständig ist. Mögliche Energieblockaden im Magenmeridian lösen sich auf.

Außerdem berühren wir den Hinterkopf in Augenhöhe: Das ist im Gehirn der Bereich des »primären Sehzentrums«. Dort werden Prozesse in Gang gebracht, die uns veranlassen, neu Erlebtes mit alten Erfahrungen und Gefühlen in Verbindung zu bringen.

Ein Beispiel: Sie treffen als Erwachsener einen früheren Lehrer, mit dem Sie nie gut ausgekommen sind. Schlagartig steigen in Ihnen alle negativen Gefühle und Erinnerungen aus der Schulzeit hoch, und Sie fühlen sich wieder wie ein kleiner Schuljunge oder ein Schulmädchen.

Indem wir den Hinterkopf berühren, können wir solche Erinnerungen abrufen und sie gleichzeitig durch das Halten der Stirnbeinhöcker emotional entschärfen. Die Erinnerungen haben damit weniger Macht über uns.

Die Stirnbeinhöcker sind die neurovaskulären Punkte des Magenmeridians.

So führen Sie die Übung aus

- Nehmen Sie sich für diese Übung mindestens zehn Minuten Zeit. Vielleicht nützen Sie dazu eine kleine Pause am Mittag oder eine Entspannungsphase am Abend. ESR ist aber auch vor dem Einschlafen oder gleich nach dem Aufwachen sehr wirkungsvoll. Vor dem Einschlafen gehen Sie in Gedanken durch, was der Tag gebracht hat; vor dem Aufstehen denken Sie an die Herausforderungen, vor die Sie der kommende Tag stellt.
- Die neurovaskulären Punkte des Magenmeridians liegen auf den sogenannten Stirnbeinhöckern. Sie finden diese Punkte, indem Sie mit Ihren Fingerspitzen etwa in der Mitte der Augenbrauen gerade nach oben gehen, bis Sie dort zwei leichte »Erhebungen« spüren. Sie sind nicht bei jedem Menschen gleich stark ausgeprägt. Das hat aber keinen Einfluß

auf die Wirksamkeit der Übung.

- Berühren Sie diese Stellen sanft mit den Fingern, oder legen Sie eine Hand quer über die ganze Stirn. So werden die Stirnbeinhöcker auf jeden Fall abgedeckt. Legen Sie die andere Hand in Augenhöhe auf Ihren Hinterkopf.
- Wenn Sie die Übung im Liegen machen, unterstützen Sie Ihre Arme mit einem Kissen. Im Sitzen können Sie auch die Ellbogen auf eine Tischplatte aufstützen.
- Gehen Sie jetzt in Gedanken Ihr Problem durch, oder lassen Sie die belastende Situation an sich vorbeiziehen. Dazu gibt es verschiedene Techniken, die Sie dabei nach Belieben zusätzlich anwenden können. Diese Übungsergänzungen (Variationen mit ESR) helfen dabei, das Problem möglichst ganzheitlich zu bearbeiten.
- Achten Sie darauf, während der Übung ruhig und tief durchzuatmen. Gehen Sie in Gedanken so lange mit Ihrem Thema, Problem oder der belastenden Situation um, bis Sie merken, daß Sie ruhiger werden, die Sache Sie nicht mehr so berührt oder Ihre Gedanken immer wieder abschweifen oder Sie aufatmen können. Das ist bereits ein Hinweis darauf, daß Sie emotionalen Streß abgebaut haben.

»Konflikte existieren allein in unseren Köpfen, nicht außerhalb. Jeder Konflikt, den wir in der Welt erleiden oder erschaffen, ist immer nur ein Spiegel unserer inneren, ungelösten Konflikte. Welchen Schmerz oder welches Problem wir auch haben, alles existiert in unserem Gehirn. Doch in diesem Gehirn existiert auch unsere Heilung.«

(Gordon Stokes/Daniel Whiteside)

Variationen mit ESR

- Spielen Sie Ihr Thema gedanklich immer wieder durch, und nehmen Sie bei jedem Durchgang neue Einzelheiten mit hinein, zum Beispiel Ihr Aussehen oder das von anderen Beteiligten, die Jahreszeit, die Temperatur, Gerüche, Geschmacksempfindungen, Tageszeit und vieles mehr. Dadurch behandeln Sie Ihr Problem auf möglichst vielen Ebenen.

- Tauchen Sie die Situation in eine bestimmte Farbe, als ob Sie alles durch eine grüne, blaue, gelbe, rote . . . Brille sähen. Registrieren Sie die Veränderungen, die dadurch entstehen.
- Handelt es sich um ein Problem aus der Vergangenheit, das Sie immer noch belastet, überlegen Sie, was Sie mit Ihrem heutigen Wissen anders machen würden. Fragen Sie sich: »Was würde ich heute anders machen?«, und beantworten Sie die Frage laut. Dadurch programmieren Sie Ihr Bewußtsein auf einen neuen Umgang mit einer solchen Situation für die Zukunft. Überlegen Sie, was Sie einer anderen Person raten würden, die in dieser Situation steckt. Gehen Sie das Thema nochmal im Geist durch, und wenden Sie dann Ihren eigenen Rat darauf an.
- Packen Sie Ihr Problem in einen Luftballon. Lassen Sie ihn fliegen, und »schießen« Sie dann auf ihn, so daß er samt Inhalt zerplatzt.
- Vielleicht kennen Sie das aus eigener Erfahrung: Sie haben ausreichend geschlafen, fühlen sich aber morgens wie gerädert und wachen mit einem unangenehmen Gefühl im Bauch auf, für das äußerlich eigentlich gar kein Anlaß besteht? Auch hier hilft ESR: Um dies in Zukunft zu vermeiden, gehen Sie jeden Abend vor dem Einschlafen den Tag in Gedanken durch, mit allem, was er gebracht hat, während Sie Ihre Stirnbeinhöcker berühren und den Hinterkopf halten. So bauen Sie auch emotionalen Streß ab, der Ihnen vielleicht im Moment nicht bewußt ist, aber Ihre Psyche nachts weiter belasten würde. Wenn Sie möchten, können Sie auch gleich mit überlegen, welche Anforderungen der nächste Tag an Sie stellt. Damit entschärfen Sie mögliche Stressoren.
- Ordnen Sie dem negativen Gefühl, das Sie im Moment beherrscht, eine bestimmte Farbe und einen Ort in Ihrem Körper zu. Stellen Sie sich die Farbe an diesem Ort vor, und lassen Sie sie von dort nach außen wegfließen. Oder Sie »duschen« die Farbe weg. Stellen Sie sich dann vor, welches

Unabhängig von unserem Bewußtsein macht sich unser Gehirn ständig Bilder von dem, was wir denken oder äußern. Wenn wir also beim Anblick einer steilen Treppe denken »Hoffentlich rutsche ich nicht aus«, entsteht in unserem Kopf das Bild, wie wir hinfallen. Dadurch schaffen wir die besten Voraussetzungen dafür, tatsächlich gleich auf der Nase zu liegen.

Gefühl Sie lieber haben würden. Überlegen Sie sich auch dazu eine passende Farbe, und holen Sie diese dann an den Ort, wo das alte Gefühl und die alte Farbe vorher waren.

- Sehen Sie sich das Problem oder die belastende Situation wie einen Film an. Überlegen Sie, ob Sie noch eine andere Person oder mehrere andere Menschen dabeihaben möchten, während Sie sich den Film anschauen. Wer könnte das sein? Drehen Sie den Ton lauter oder leiser. Lassen Sie den Film vor- oder zurücklaufen. Sehen Sie ihn zuerst in schwarzweiß, und verändern Sie ihn dann nach Ihren Bedürfnissen. Stellen Sie sich vor, der Film wäre auf einer Videokassette, die Sie nach dem Anschauen komplett zerstören könnten.

Suchen Sie sich von allen Varianten diejenigen aus, welche Ihnen am sympathischsten sind. Sie können mit der ESR-Technik aber auch arbeiten, ohne an ein bestimmtes Thema zu denken, und einfach so entspannen.

Leichter ans Ziel kommen

»Positives Denken ist deshalb wirksam, weil die Menschen, die es praktizieren, sich mit dem beschäftigen, was sie erreichen wollen. Sie bewegen sich also unweigerlich auf Ihr Ziel zu. Richten Sie Ihre Gedanken immer auf das, was Sie sich wünschen.«

(Andrew Matthews, Autor von »So geht´s Dir gut«, Verlag für Angewandte Kinesiologie, Freiburg)

Kennen Sie die Technik des positiven Denkens? Sie basiert darauf, daß wir mit positiv formulierten Aussagen, zum Beispiel »Ich bin erfolgreich«, unser Gehirn darauf programmieren, ein bestimmtes Ziel zu erreichen, nämlich tatsächlich Erfolg zu haben bei dem, was wir unternehmen. Vielleicht haben Sie diese Technik auch schon probiert, sich gleichzeitig aber immer wieder bei dem Gedanken ertappt, daß Sie Ihr Ziel sowieso nicht erreichen. Oder Sie stellen fest, daß Sie Ihr Ziel einfach nicht erreichen, obwohl Sie es doch so dringend möchten.

Ein Grund dafür können persönliche, aus der Kindheit übernommene Glaubensmuster sein wie »Ich werde nie ein guter Schüler sein«, »Ich habe sowieso immer Pech«, »Ich schaffe das nicht«, »Ich bin nicht gut genug« und viele negative Einstellungen mehr. Mit positiven Zielsätzen versuchen wir, diese alten, hinderlichen Programmierungen in unserem Kopf zu löschen und neue einzugeben.

Der Schutzmechanismus verhindert auch Positives

Wir wären völlig verwirrt, würde das Gehirn nicht die meisten Reizimpulse ausfiltern, die von den verschiedenen Sin-

nesorganen normalerweise aufgenommen werden. Gäbe es nicht diesen Filtermechanismus, wären wir gezwungen, alle uns umgebenden Reize, also alle Bilder, Geräusche, Berührungen, Gerüche oder Vibrationen gleichermaßen bewußt wahrzunehmen. Zum Beispiel spüren wir es zunächst auf der Haut, wenn wir morgens unsere Unterwäsche anziehen. Dann wird den ganzen Tag über dieser Reiz nicht mehr bewußt wahrgenommen (außer die Unterwäsche ist unbequem), bis wir sie abends wieder ausziehen. Dieser Schutzmechanismus ermöglicht, daß uns nur Reize bewußt werden, die im Moment wirklich wichtig für uns sind.
Andererseits verhindert dieser Schutzmechanismus auch, daß neue, ungewohnte Reize von unserem Gehirn sofort wahr- und ernstgenommen werden. Auch Änderungen unserer Gewohnheiten, unserer Einstellungen oder unseres Selbstbildes stellen für unser Gehirn neue Reize dar, die von dem Schutzmechanismus ausgesondert werden können. Dieser Mechanismus »schützt« uns also auch vor Reizen, die für uns zwar neu, aber durchaus vorteilhaft sein können.

TIP

Versuchen Sie auch im Alltag, eine positive Sichtweise einzuüben: »Das Glas ist nicht halbleer, sondern halbvoll.«

Ziel formulieren mit Schläfenklopfen

In dieser Übung wird nicht nur mit positiven Sätzen (»Affirmationen«) gearbeitet, sondern auch versucht, mit der Technik des Schläfenklopfens bestimmte Filtermechanismen des Gehirns, die uns vor Reizüberflutung schützen, während der Übung kurzfristig auszuschalten. Dadurch soll erreicht werden, daß die positive Information auch tatsächlich im Gehirn ankommt. Gleichzeitig wird das Bewußtsein für stattfindende Veränderungen der Reizimpulse geschärft.

So führen Sie die Übung aus

1. Formulieren Sie Ihr Ziel

- Überlegen Sie sich in Ruhe Ihren Zielsatz oder Ihre Affirmation, zum Beispiel »Ich akzeptiere mich, wie ich bin« oder »Ich bleibe gelassen«.
- Achten Sie darauf, nur positive Formulierungen zu verwenden und die Aussage nicht durch Hilfsverben wie wollen, können, dürfen oder mögen einzuschränken. Formulieren Sie also nicht »Ich möchte jeden Tag eine Stunde früher

aufstehen«, sondern: »Ich stehe jeden Tag eine Stunde früher auf«. Sagen Sie nicht »Ich möchte mehr Sport treiben«, sondern »Ich treibe mehr Sport«. Denn das Problem ist in der Regel nicht, daß Sie etwas nicht möchten oder nicht können, sondern daß Sie es nicht tun.

- Konkretisieren Sie Ihr Ziel so weit wie möglich, zum Beispiel: »Ab dieser Woche gehe ich jeden Mittwochabend eine Stunde joggen«. Sagen Sie sich Ihre Affirmation so vor, als ob Sie Ihr Ziel, das dahintersteht, bereits erreicht hätten, zum Beispiel »Ich bin ein guter Klavierspieler«.
- Wichtig ist, daß Sie wirklich genau wissen, was Sie mit Ihrem Ziel meinen, und daß die Formulierung den Kern Ihres Themas trifft.
- Überlegen Sie, was anders wäre, wenn Sie dieses Ziel bereits erreicht hätten: Wie würde sich das anfühlen? Wie würden Sie es merken? Wie würde es Ihr(e) Partner(in), Ihre Familie, Ihre Umgebung wahrnehmen?

Formulieren Sie an dieser Stelle Ihren Zielsatz:

____

TIP

Diese Übung eignet sich auch gut zur Vorbereitung auf eine harmonische Geburt. Ihr Zielsatz könnte dann lauten: »Ich bin ruhig und entspannt während der Geburt.«

2. Schalten Sie den Reizfilter aus

- Haben Sie jetzt Ihren Zielsatz im Kopf? Dann beginnen Sie mit dem Schläfenklopfen.
- Legen Sie Ihre Finger locker um die Daumen, so daß Ihre Hände »Pfötchen« bilden. In dieser Pfötchenhaltung klopfen Sie nun so lange um Ihr Ohr herum, bis Sie Ihren Zielsatz flüssig aussprechen können.
- Beginnen Sie vor dem Ohr in der Höhe des »Zäpfchens«, und formen Sie einen Kreis zum Ausgangspunkt zurück.
- Während Sie so mehrmals um das Ohr herumklopfen, wiederholen Sie immer wieder laut und deutlich Ihren Zielsatz.

3. Augenkreisen steigert die Wirkung

- Sie können die Wirkung des Schläfenklopfens verstärken, indem Sie zusätzlich das Augenkreisen aus der Übung »Augen einschalten« anwenden, während Sie klopfen und

den Zielsatz mehrmals laut aussprechen. Sie erinnern sich? Lassen Sie ihre Augen einmal im Uhrzeigersinn und dann entgegen dem Uhrzeigersinn kreisen (siehe Seite 37ff.).

- Abschließend lassen Sie die Augen in Form einer liegenden Acht kreisen. Dadurch regen Sie die Zusammenarbeit zwischen linker und rechter Gehirnhälfte an und schaffen bessere Voraussetzungen, Ihr Ziel zu erreichen.
- Fällt es Ihnen schwer, das Schläfenklopfen, Augenkreisen und Sprechen Ihres Zielsatzes gleichzeitig auszuführen, bleiben Sie einfach so lange in einer bestimmten Augenposition und klopfen weiter, bis Sie Ihren Zielsatz gesagt haben. Dann gehen Sie in die nächste Augenposition und so weiter. Oder Ihr Partner klopft ums Ohr herum, während Sie die Augenbewegungen machen und Ihren Satz sprechen.

Das Kreisen der Augen stimuliert verschiedene Bereiche im Gehirn, wodurch die dort gespeicherten Denk- und Verhaltensmuster leichter verändert werden können.

Tips für Schwangere, Babys und Kinder

Eine unbelastete Schwangerschaft, gute körperliche und psychische Voraussetzungen für die Geburt, ein ruhiges und zufriedenes Baby und aufgeweckte, ausgeglichene Kinder? Die kinesiologischen Übungen in diesem Kapitel helfen Ihnen, diesem Traum ein Stückchen näher zu kommen.

TIP

Lassen Sie sich von einem ausgebildeten Kinesiologen oder einer Kinesiologin eine Touch-for-Health-Balance zum Thema Geburt und die erste Zeit mit dem Baby geben. Damit sind Sie körperlich und seelisch bestens auf diese stressigen Ereignisse vorbereitet.

Ausgeglichen in der Schwangerschaft

Ängste und emotionaler Streß belasten nicht nur Sie, sondern auch Ihr Baby. Streßabbau spielt deshalb bereits in der Schwangerschaft eine wichtige Rolle, hilft Ihnen aber auch durch die anstrengenden ersten Monate nach der Geburt. Als werdende Mutter können Sie mit Hilfe der Kinesiologie optimale körperliche und seelische Voraussetzungen für eine gute Schwangerschaft und eine gelungene Geburt schaffen. Indem Sie durch gezielte Übungen Ihr Energieniveau erhöhen und für seelische Entspannung sorgen, fördern Sie auch die gesunde Entwicklung Ihres Kindes.

Ängste abbauen mit ESR

Jede Schwangere sorgt sich um die Gesundheit ihres Babys. Schauergeschichten von sich tagelang hinziehenden Geburten oder ständig schreienden Säuglingen können Ängste bei der werdenden Mutter auslösen. Besser, als diese zu verdrängen, ist, mit der ESR-Technik (siehe Seite 80) den Streß abzubauen, der mit diesen Themen in der Schwangerschaft natürlicherweise verbunden ist. Die ESR-Technik ist dabei ein Werkzeug, mit dem Sie Ihre ganz persönlichen Sorgen und Nöte gezielt entschärfen können. Sie tun damit alles, was in Ihren Möglichkeiten steht, sich seelisch auf die Geburt und die erste Zeit mit dem Baby einzustellen. Denn Streß belastet nicht nur Sie, er überträgt sich auch auf Ihr Kind. So geraten Mutter und Kind leicht in einen Teufelskreis: Je nervöser die Mutter, desto unruhiger das Kind. Beide schaukeln sich gegenseitig hoch. Dies können Sie vermeiden, wenn Sie regelmäßig emotionalen Streß abbauen. Selbstverständlich kann die ESR-Technik nicht dafür sorgen, daß ihr Baby durchschläft, aber Sie selbst werden dann leichter mit belastenden Situationen fertig.

So führen Sie die Übung aus

- Die Ausgangsposition für diese Übung ist immer gleich: Sie legen oder setzen sich entspannt und bequem hin. Eine Ihrer Hände liegt auf der Stirn, die andere hält den Hinterkopfbereich in Höhe der Augen. Gehen Sie nun gedanklich in dieser Haltung die Probleme durch, die Sie am meisten beschäftigen. Hier einige Anregungen, wie Sie in diesem Fall mit der ESR-Technik arbeiten können:
- Thema Geburt beim ersten Kind: Denken Sie an Ihre Ängste, und stellen Sie sich die Geburtssituation dabei so realistisch wie möglich vor. Machen Sie dies so lange, bis Sie merken, daß die Bilder schwächer werden oder Sie vom Thema abschweifen. Stellen Sie sich dann in allen Einzelheiten die Geburt so vor, wie Sie sie gerne erleben würden. Auch hier können Sie wieder Farben ins Spiel bringen (siehe Seite 76): Besetzen Sie die negative Vorstellung der Geburt mit einer bestimmten Farbe, und lassen Sie diese aus Ihrem Körper abfließen. Suchen Sie dann eine passende Farbe für die Geburt, wie sie wünschenswert wäre, und nehmen Sie die neue Farbe ganz in sich auf.
- Thema Geburt beim zweiten, dritten . . . Kind: Wenn Sie bereits Kinder geboren haben, empfiehlt es sich, angstbesetzte Erlebnisse früherer Geburten auf dieselbe Art mit der ESR-Technik durchzugehen: Sie stellen sich die belastenden Geburtserlebnisse vor und denken dann an Ihre Wunschvorstellung des Geburtsverlaufs. Hatten Sie Schwierigkeiten mit dem Baby zu Hause (Thema Schlafen, Stillen und so weiter), bearbeiten Sie auch diese mit der ESR-Technik wie beschrieben: Stellen Sie sich immer zuerst die negativen Erlebnisse vor und dann die Situation, wie sie sein sollte.

Die erste Zeit mit dem Baby

Ist die Geburt gut überstanden und das Kind gesund, dürfen Sie erstmal aufatmen. Aber schon bald kommen weitere Herausforderungen auf Sie zu.

TIP

Lassen Sie im Nebenzimmer einen Fön oder Staubsauger laufen. Die Geräusche sind denen im Bauch einer Schwangeren ähnlich und dem Baby vertraut. Aus demselben Grund und weil es so schön ruckelt, schlafen auch viele Babys beim Autofahren ein.

Wer Streß hat, wirkt auf seine Umgebung seinerseits als Stressor. Das gilt auch für die Beziehung von Eltern und Baby. Eine aufgeregte, hektische Mutter und ein nervöser Vater tragen keinesfalls zur Beruhigung ihres neugeborenen Sprößlings bei.
Für Mutter und Kind ist es gleichermaßen wichtig, erstmal die körperlich-seelischen Strapazen der Geburt zu verdauen, bevor neue hinzukommen und das »Streßfaß« dadurch überläuft. Wieder greifen wir hier auf die ESR-Technik (siehe Seite 80) zurück. Sie lernen sie im folgenden als erweiterte Partnerübung kennen, an der alle drei beteiligt sind: Mutter, Vater und Baby.

Geburtsstreß abbauen

Indem die Mutter emotionalen Streß abbaut, wird auch das Baby ruhiger. Das elekromagnetische Feld, das unseren Körper umgibt, verändert sich, wenn sich Energieblockaden auflösen und Entspannung eintritt. Weil das Baby bei der Übung in diesem elektromagnetischen Feld der Mutter liegt, beeinflußt diese Veränderung auch das Kind positiv. Ob Ihr Baby auch etwas von Ihren Gedanken spürt, können wir nicht feststellen. Viele Mütter haben jedoch bei dieser Übung das Empfinden, Ihrem Baby auf diese Weise etwas »sagen« zu können.

So führen Sie die Übung aus

- Legen Sie sich entspannt auf Ihr Sofa, oder setzen Sie sich in einen bequemen Sessel.
- Ihr Partner sitzt an Ihrem Kopfende und legt eine seiner Hände auf Ihre Stirn, so daß die Stirnbeinhöcker (siehe Seite 81) berührt werden. Mit der anderen Hand hält er Ihren Hinterkopf in Höhe der Augen.
- Ihr Baby liegt mit dem Rücken auf Ihrem Bauch, und Sie legen ganz sanft eine Hand auf seine Stirn, mit der anderen halten Sie seinen Hinterkopf.
Ist Ihr Baby unruhig, verzichten Sie auf das Halten des Hinterkopfs.
- In dieser Haltung gehen Sie nun die Geburt noch einmal in Ihrer Erinnerung so lange genau durch, bis die Bilder undeutlich werden oder Ihnen andere Gedanken kommen.

TIP

Tragen Sie vor der Übung auf die Stirnbeinhöcker Ihres Babys Bachblüten-Rescue-Salbe (in der Apotheke erhältlich) auf. Das erhöht die Wirkung des emotionalen Streßabbaus.

Blähungen lösen

Allseits gefürchtet sind die Tage, an denen das Baby durch lautstarkes, andauerndes Schreien zum Ausdruck bringt, daß es irgendetwas quält. Nicht selten sind die Ursache Bauchkrämpfe, die vor allem im Alter von drei Monaten als sogenannte »Dreimonats-Koliken« ziemlich lästig werden können. Die Ursachen dafür sind vielfältig. Es kommen Nahrungsmittelunverträglichkeiten - zum Beispiel gegen Kuhmilch - in Frage, aber auch die Umweltbelastung durch Elektrosmog, Abgase oder Chemikalien. Auch die Belastung des mütterlichen Organismus durch Amalgam kann eine mögliche Ursache der Krämpfe sein. Das Amalgam gelangt bereits in der Schwangerschaft über die Nabelschnur in den Körper des Babys. Sprechen Sie Ihren Kinderarzt oder einen auf diesem Gebiet qualifizierten Therapeuten auf mögliche Ursachen an, falls Ihr Baby häufig unter diesen Krämpfen leidet. Linderung bei Blähungen kann das Massieren der neurolymphatischen Punkte bringen (Seite 102).

So führen Sie die Übung aus

- Je nachdem in welcher Verfassung Ihr Baby ist, massieren Sie bei ihm alle neurolymphatischen Punkte in der Reihenfolge, in der Sie in der Abbildung auf der vorderen Umschlaginnenklappe erscheinen. Massieren Sie alle Punkte mit einem sanften Druck ungefähr 30 Sekunden lang.
- Muß es schnell gehen, weil Ihr Baby ziemlich außer sich ist, wenden Sie die vereinfachte Version der Übung an, indem Sie zuerst alle Punkte auf der Körpervorderseite, dann auf der Körperrückseite massieren. Halten Sie sich dabei genau an die Anleitung auf siehe Seite 103.
- Sie können die neurolymphatischen Punkte auch massieren, um Blähungen und Verdauungsstörungen bei Ihrem Kind vorzubeugen. Machen Sie die Massage in diesem Fall vielleicht zweimal pro Woche; Sie können sie natürlich auch täglich anwenden.

Bauchschmerzen lindern

Die zweite Übung, die Sie gegen Bauchschmerzen machen können, wirkt entspannend. Zusätzlich zu den obengenannten Ursachen für Bauchweh kommen auch emotionale

TIP

Für die ersten Wochen geeignet: Babys Bettchen ist ein gepolsterter Wäschekorb, der neben dem Bett der Eltern an einer Spannfeder von der Decke hängt. Vier Seile werden an den Ecken befestigt und an der Feder angebracht. Das Kleine wird dadurch nicht nur hin und her, sondern auch leicht auf und ab geschaukelt. Diese Bewegung kennt es aus dem Mutterleib.

Spannungen als Auslöser in Frage. Babys verfügen noch nicht über den Filtermechanismus der Erwachsenen, mit dem diese sich vor Reizüberflutung schützen können. Sie nehmen alle äußeren Reize ihrer Umgebung äußerst sensibel wahr. Normalerweise können Babys Spannungen über den Saugreflex oder Schreien zumindest teilweise abbauen. Im Laufe eines vielleicht etwas unruhigen Tages kann der innere Spannungspegel des Babys aber so stark ansteigen, daß es sich verkrampft. Bei der folgenden Übung arbeiten wir mit der entspannenden Wärme der Hände und mit dem emotionalen Streßabbau aus der ESR-Technik. Gleichzeitig verbessern wir den Energiefluß beim Kind.
Diese Übung kann nicht nur mit Babys, sondern auch gut mit Kleinkindern ausgeführt werden.

TIP

Auch Kindergartenkinder klagen häufiger über Bauchschmerzen. Diese Übung hilft den Kleinen, sich zu entspannen.

So führen Sie die Übung aus

- Ihr Baby liegt in Ihrem Schoß. Legen Sie eine Ihrer Hände auf sein Bäuchlein; welche Hand Sie nehmen, spielt keine Rolle. Die andere Hand liegt sanft auf den Stirnbeinhöckern Ihres Babys.
- Bleiben Sie drei bis fünf Minuten in dieser Haltung oder so lange, bis sich Ihr Baby entspannt.
- Falls sich das Kind dabei nicht wohl fühlt oder sich dagegen sträubt, hören Sie mit der Übung auf, und versuchen Sie es eventuell später noch einmal.

Wählen Sie eine bequeme Position für sich und das Kind während der Übung.

Passive Überkreuzbewegung und Liegende Acht mit Babys und Kleinkindern

Babys, aber auch Kleinkinder genießen es, bewegt zu werden. Die beiden folgenden Übungen unterstützen die kindliche Entwicklung insgesamt und fördern insbesondere die Zusammenarbeit von rechter und linker Gehirnhälfte.

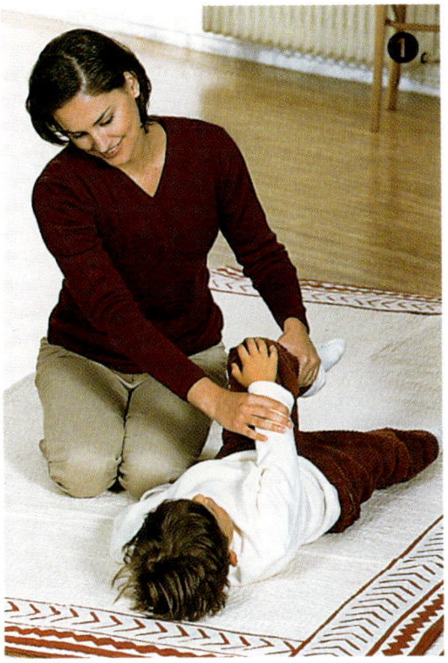

So führen Sie die Übungen aus

❶ Überkreuzbewegung

Mit Babys geht's am besten auf dem Wickeltisch oder einer anderen Unterlage, auf der Ihr Säugling liegt. Bewegen Sie ganz sachte Babys Arme und Beine aufeinander zu. Arbeiten Sie über Kreuz, das heißt, der rechte Arm wird zum linken Bein geführt und umgekehrt. Ihr Baby genießt es bestimmt, wenn Sie dazu ein Liedchen summen oder singen. Wichtig ist, daß Mutter oder Vater und das Baby Spaß an der Sache haben.

Mit Kleinkindern machen Sie die passive Überkreuzbewegung am besten auf einer bequemen Unterlage am Boden.

❷ Liegende Acht

Nehmen Sie beide Beinchen Ihres Kindes zusammen in Ihre Hände, und fahren Sie damit an der Linie einer vorgestellten liegenden Acht entlang.

Bewegung fördert die neurologische Entwicklung des Gehirns bei Babys und Kleinkindern.

Hilfen für Kinder

Das tägliche Pensum, das Kinder heutzutage bewältigen müssen, ist nicht gerade klein. Sowohl in der Schule als auch in der Freizeit, die mit Fußball, Ballett, Flöten oder Klavierspielen ausgefüllt ist, müssen Kinder Leistung bringen. Die natürliche Entspannung beim Spiel und die Bewegung an der frischen Luft kommen da nicht selten zu kurz. Kein Wunder, daß viele Kinder mit Bauch- oder Kopfschmerzen auf diese Überlastung reagieren, aufgeregt, aggressiv und zappelig oder matt und lustlos sind.
Wenn Sie solche Reaktionen bei Ihrem Kind beobachten, können Sie ihm mit den hier vorgestellten kinesiologischen Übungen schnell helfen. Noch besser, Sie lassen es gar nicht so weit kommen, sondern üben mit Ihrem Kind, bevor es Probleme hat.
Alle hier vorgestellten Übungen sind für Kinder ab vier Jahren geeignet. Nach oben gibt es keine Altersbegrenzung. Sie können auch mit kleineren Kindern arbeiten, sobald sie in der Lage sind, die Übungen mitzumachen. Führen Sie die Übungen doch am besten gleich gemeinsam mit Ihrem Kind aus!

Körperliche Symptome wie Bauch- oder Kopfschmerzen können bei Kindern Warnsignale für geistige oder psychische Überforderung sein.

Überkreuzbewegungen mit Schulkindern

Für Kinder ist das Üben der Überkreuzbewegung besonders nützlich, weil gerade am Rechnen, Schreiben und Lesen beide Gehirnhälften gleichermaßen beteiligt sind (siehe Seite 70). Besteht hier eine Blockade, so kann es in der Schule zu massiven Problemen kommen.
Machen Sie die Überkreuzbewegung mit Ihrem Kind, wenn Sie merken, daß es unkonzentriert ist, unvollständig liest oder plötzlich Rechen- und Schreibfehler macht. Hat Ihr Kind die Übung gelernt, kann es sich in der Schule auch selbst damit helfen.
Am besten machen Sie die Überkreuzbewegung mit Ihrem Kind gemeinsam, so daß es Ihre Bewegungen nachmachen kann. Außerdem kommen Sie dadurch auch selbst in den Genuß der Wirkung. Die Übung sollte vor allem Spaß machen, denn sonst erzeugt sie nur neuen Streß. Stellen Sie eine Musik an, die Ihrem Kind gefällt, oder singen Sie gemeinsam dazu.

Tips für »erfolglose« Kinder

Lehrer, die die Überkreuzbewegung schon in den Schulalltag integriert haben, berichten immer wieder, daß Schüler, die diese Übung am meisten nötig hätten, sie häufig nicht mitmachten. Gerade solche Kinder haben nicht selten Schulprobleme und sind überzeugt, weniger erfolgreich zu sein als ihre Mitschüler. Sobald sie merken, daß ihnen auch diese Übung mehr Schwierigkeiten macht als ihren Schulkameraden, übertragen sie das Gefühl von Mißerfolg auch auf diesen Bereich und verweigern sich.
Diese Kinder sollten also beim Üben unbedingt ein Erfolgserlebnis haben, denn sonst geben sie schnell auf. Am besten führen Sie deshalb die Überkreuzbewegung bei Ihrem Kind in der einfachsten Variante ein: Das ist im Liegen. Markieren Sie den Arm und das Bein, die gleichzeitig bewegt werden sollen, jeweils mit derselben Farbe, zum Beispiel einem roten oder blauen Punkt. Oder wickeln Sie zum Beispiel um die rechte Hand ein rotes Band und um das linke Bein ebenfalls. Um die linke Hand wickeln Sie ein blaues Band, ebenso um das rechte Bein.

TIP

Wenn Sie merken, daß Ihr Kind bei der Überkreuzbewegung Schwierigkeiten hat, machen Sie mit ihm zuerst die Übung »Alles anschalten« (siehe Seite 34).

Schulstreß loslassen

Auch wenn Kindern häufig noch die Worte fehlen, um zu erklären, was sie bedrückt, können wir nicht davon ausgehen, daß die Kleinen keine Probleme, Ängste, Sorgen und Nöte kennen. Nicht selten klagen sie über undifferenziertes Bauch- oder Kopfweh. Das kann ein Hinweis auf emotionale Probleme sein, die auf der körperlichen Ebene auf sich aufmerksam machen. Wenn Sie mit Ihrem Arzt oder Therapeuten abgeklärt haben, daß diese Beschwerden keine krankhafte Ursache haben, können Sie Ihrem Kind mit der ESR-Übung helfen. Sie ist schon für ganz kleine Kinder geeignet, hilft aber auch den älteren. Mit dieser Technik können Sie einen ruhigen Tagesabschluß einleiten und dem Kind helfen, den emotionalen Streß des Schultages abzubauen. Der Start in den nächsten Tag wird dann viel leichter fallen, weil er weniger von unangenehmen Gefühlen begleitet wird. Die ESR-Übung ist aber auch günstig vor den Hausaufgaben: Das Kind kann abschalten und erfrischt ans Werk gehen.

So führen Sie die Übung aus

- Ihr Kind liegt oder sitzt bequem.
- Sie legen sanft eine Hand auf seine Stirn, so daß Sie die beiden Stirnbeinhöcker (neurovaskuläre Punkte des Magenmeridians) berühren. Die andere Hand legen Sie auf den Hinterkopf Ihres Kindes (ESR-Technik, siehe Seite 80). Falls es liegt, schieben Sie Ihre Hand sachte unter seinen Kopf.
- Bleiben Sie in dieser Haltung, während Ihr Kind in Gedanken seinen Tag oder bestimmte Erlebnisse durchgeht.
- Wenn es damit fertig ist, kann es Ihnen erzählen, was ihm durch den Kopf gegangen ist.
- Helfen Sie ihm dann, unangenehme Erlebnisse so zu verändern, daß sie nicht mehr so belastend sind: Zum Beispiel ein Streit mit dem besten Freund. Was hätte Ihr Kind tun können, um sich besser zu fühlen?
Geben Sie Ihrem Kind keine Ratschläge, sondern fordern Sie es auf, selbst kreative Lösungen für sein Problem zu finden. Spielen Sie die Probleme Ihres Kindes nicht herunter (»Das ist doch gar nicht so schlimm«), sondern nehmen Sie diese ernst. Helfen Sie Ihrem Kind dabei, sich über seine Gefühle klar zu werden: Hören Sie ihm genau zu, und greifen Sie seine Gefühle mit Ihren Worten noch einmal auf. Damit helfen Sie Ihrem Kind, sich über seine Gefühle klarzuwerden und einen neuen Weg zur Lösung seines Problems zu finden.
- Beenden Sie die Übung, wenn Sie alle Probleme, die zur Sprache kamen, auf diese Weise durchgegangen sind oder wenn Ihr Kind vom Thema abschweift. Daran können Sie erkennen, daß das Problem an Dringlichkeit verloren hat und Ihr Kind emotional nicht mehr so belastet wie vor der Übung.

Tip

Bei kleineren Kindern legen Sie einfach Ihre Hände auf Stirn und Hinterkopf, ohne spezielle Probleme dabei durchzusprechen. Sie werden bald spüren, wie schnell Ihr Kind ruhiger wird.

- Auch bei Kindern können Sie zusätzliche Elemente in die Übung einbauen:
- Farben: Ihr Kind sucht nach einer passenden Farbe für sein negatives Gefühl und läßt diese dann aus dem Körper fließen. Dann setzt es eine neue Farbe für das neue, positive Gefühl ein.
- Luftballon: Ihr Kind pustet seine Probleme in einen imaginären Luftballon und läßt ihn dann fliegen. Dann schießt es einen Pfeil auf den Ballon, so daß sich sein Inhalt in Luft auflöst.
- Positives Bild: Ihr Kind stellt sich vor, wie es beim nächsten Mal mit der kritischen Situation umgehen möchte und findet dafür ein positives Symbol (Blume, Edelstein, Sonne oder ähnliches). Wiederholt sich die Situation, kann es mit Hilfe dieses Bildes die Lage besser meistern.

Der Gorilla - Immunabwehr stärken

Die Gorilla-Übung regt den Energiefluß in den Meridianen an, löst Energieblockaden und stärkt die Immunabwehr. Wir klopfen dabei die wichtigsten Meridiane und die Thymusdrüse ab, um ihre Funktion anzuregen. Die Thymusdrüse liegt in der Mitte der Brust, hinter dem oberen Teil des Brustbeins. Alle Säugetiere besitzen dieses Organ, dem die Medizin früher keine bestimmte Funktion zuschrieb. Mittlerweile weiß man jedoch, daß die Thymusdrüse bei der Immunabwehr eine wichtige Rolle spielt.
Kinder sollten diese Übung machen, wenn sie schlapp oder lustlos wirken. Der Gorilla kann auch gegen Kopfschmerzen helfen.

So führt Ihr Kind die Übung aus

- Ihr Kind stellt sich aufrecht hin. Die Beine stehen schulterbreit auseinander. Mit der rechten Hand klopft es auf seine linke Schulter.
- Ihr Kind klopft mit dieser Hand den linken Arm auf der Innenseite nach unten hin ab.
- Es dreht den linken Arm so, daß die Handinnenfläche nach hinten zeigt, und klopft auf der Außenseite des linken Arms wieder nach oben. Klopfend geht es über Schulter, Hals und den Kopf ins Gesicht. Dort klopft es nur leicht mit

TIP

Gerade bei den Hausaufgaben fühlen sich nicht nur Kinder häufig gestreßt, sondern auch die Eltern. Das trifft auch auf andere Probleme zu, zum Beispiel wenn Geschwister häufig streiten. Machen Sie deshalb selbst die ESR-Übung zu diesen Themen, bevor Sie sich Ihrem Kind zuwenden.

Machen Sie die Übung gemeinsam mit Ihrem Kind. Falls es die Meridiane aber noch nicht allein abklopfen kann, übernehmen Sie das.

den Fingern in der Nähe des linken äußeren Augenwinkels, der linken äußeren Augenbraue und vor dem linken Ohr.

- Ihr Kind wechselt den Arm und klopft mit der linken Hand über den rechten Arm auf der Innenseite entlang nach unten. Es dreht dann den Arm wieder und klopft auf seiner Außenseite nach oben über die Schulter bis ins Gesicht. Dort klopft es wieder nur leicht mit den Fingern in der Nähe des rechten äußeren Augenwinkels, der rechten äußeren Augenbraue und vor dem rechten Ohr.
- Jetzt klopft es mit beiden Händen gleichzeitig, und zwar so: Es klopft weiter mit den Fingerspitzen beider Hände über die inneren Augenwinkel nach oben über die Stirn und den Hinterkopf, dann über den oberen und unteren Rücken, über den Po und an den Außenseiten der Beine nach unten.
- Ihr Kind geht zum Fußballen und klopft dann auf der Innenseite der Beine entlang über die Brust wieder nach oben, bis es direkt unter dem Schlüsselbein angelangt ist.
- Zum Abschluß klopft es seine Thymusdrüse. Sie liegt in der Brustmitte hinter dem Brustbein. Es klopft wie ein Gorilla oder wie Tarzan mit beiden Fäusten auf die Brust. Schritt eins bis sieben wiederholt Ihr Kind zwei- bis dreimal. Dabei sollte es nicht vergessen, ruhig und tief zu atmen.

Der Tiger - Aggressionen abbauen

Die Tigerübung eignet sich gut dazu, Ärger und Aggressionen abzubauen. Sie ist vor allem nach einem anstrengenden (Schul-)Tag hilfreich oder auch, wenn Ihr Kind verärgert ist und einmal eine richtige Wut im Bauch hat.

So führt Ihr Kind die Übung aus

● Ihr Kind stellt sich vor, es wäre ein wilder Tiger im Dschungel. Es hat Riesenpranken mit spitzen, langen Krallen, die es schärfen möchte.

TIP

Der »Tiger« eignet sich auch gut für kleinere Kinder, die an manchen Tagen ziemlich durcheinander aus dem Kindergarten kommen.

❶ Ihr Kind geht beim Ausatmen in die Knie und streckt die Arme nach vorn. Beim Aufstehen atmet es laut durch die Nase ein und schaut ganz grimmig. Es setzt seine Krallen in die Rinde eines vorgestellten Baumes und geht beim Ausatmen wieder fauchend in die Knie, während es »die Krallen schärft«. Dies macht Ihr Kind insgesamt achtmal.

❷ Beim neunten Mal schlägt es seine Pranken nicht mehr in den Baum, sondern kreuzt sie über dem Bauch und öffnet die Arme im Hochgehen mit einem lauten Brüller. Kinder lieben den spielerischen Charakter der Tiger-Übung und machen sie gerne mehrmals hintereinander. Erscheint Ihnen Ihr Kind danach zu »aufgedreht«, machen Sie die Cook- (Seite 74) oder die ESR-Übung (Seite 96) mit ihm.

So lindern Sie tägliche Beschwerden und Schmerzen

Der Griff zur Tablette ist häufig eine Notlösung. Die Kinesiologie bietet Alternativen ohne Nebenwirkung: Techniken und Übungen, mit deren Hilfe Sie leichtere Beschwerden oder Schmerzen lindern können.

Erste Hilfe bei Streßsymptomen

Bestimmt kennen auch Sie Tage, an denen die aktuellen Anforderungen und Pflichten wie ein unbezwingbarer Berg vor Ihnen liegen. Sie fühlen sich überfordert und würden am liebsten davonlaufen. Doch Flucht - die klassische Reaktion auf Streß - ist unmöglich.

Wir zeigen Ihnen Techniken und Übungen aus der Kinesiologie, mit deren Hilfe Sie schnell und ohne großen Aufwand Streß abbauen können. Machen Sie die Übungen immer dann, wenn Sie das Gefühl haben, daß Ihnen alles über den Kopf wächst oder Ihnen Ihr Körper mit bestimmten Beschwerden signalisiert, daß Sie überlastet sind. Sie werden bald weniger unter den lähmenden Streßsymptomen leiden und Ihre Gesundheit stärken. Darüber hinaus gewinnen Sie mehr Lebensqualität, weil Sie den täglichen Aufgaben mit Ruhe, Gelassenheit und mit mehr Energie begegnen können.

Sie müssen die Übungen nicht in der hier angegebenen Reihenfolge machen. Je nach Bedarf können Sie sich einzelne Übungen aussuchen.

TIP

Trinken Sie ausreichend Wasser, damit der Körper Giftstoffe leichter ausscheiden kann.

Stoffwechsel und Entgiftung anregen

Wie wir bereits erklärt haben, geraten durch die Reaktion des Körpers auf Streß die Stoffwechselvorgänge durcheinander. Das zeigt sich in verschiedenen Symptomen wie Verstopfung, Durchfall, Blähungen, Magenverstimmung, Übelkeit oder Sodbrennen. Eine weitere Folge ist, daß der gesamte Organismus weniger gut entgiftet wird. Funktioniert die Selbstreinigung des Körpers nicht optimal, bleiben auch schädliche Umweltgifte länger im Körper.

Die folgende Übung hilft auch gut gegen Übelkeit in der Schwangerschaft.

Neurolymphatische Punkte massieren

Mit Hilfe der Massage der neurolymphatischen Reflexpunkte und -zonen (siehe Abbildung vordere Umschlag-

innenklappe) können Sie den Stoffwechsel und somit die Entgiftung anregen.
Diese Übung läßt sich leichter mit einem Partner, aber auch allein durchführen.

So führen Sie die Übung aus

Generell gelten folgende Massage-Regeln:

- Massieren Sie alle eingezeichneten Punkte, indem Sie jeden Punkt mit einem Ihnen angenehmen Druck ungefähr 30 Sekunden lang reiben. Im Unterschied zur Lymphdrainage müssen Sie bei der Massage der neurolymphatischen Punkte nicht auf die Massagerichtung achten. Sie entscheiden allein nach Ihrem Empfinden.
- Manche Punkte sind druckempfindlich. Das kann an Energieblockaden in zu diesen Punkten gehörigen Meridianen beziehungsweise Muskeln liegen. Diese Empfindlichkeit verliert sich aber bei regelmäßiger Massage.
- Massieren Sie jeden Punkt einzeln, in der Reihenfolge der Numerierung: Nummer eins auf der Körpervorder- und Körperrückseite, Nummer zwei auf der Körpervorder- und Körperrückseite und so weiter, bis Sie bei Nummer 14 angelangt sind. Nach circa 15 Minuten haben Sie alle Punkte massiert.

Schnellmassage

Wenn Sie es eilig haben, machen Sie die vereinfachte Version der Massage. Dabei massieren Sie zuerst alle Punkte auf der Körpervorderseite, dann die Punkte auf dem Rücken. Die Schnellmassage dauert nur zehn Minuten.

Punkte auf der Körpervorderseite

- Beginnen Sie bei Zone 1. Sie verläuft in einer Linie, die dem Schnitt eines Raglan-Ärmels entspricht (siehe Foto Seite 104).
- Machen Sie weiter bei Punkt 2.
- Massieren Sie dann links und rechts entlang des gesamten Brustbeins die Punkte 5/10 und 11/13.
- Massieren Sie entlang der Linie unter der Brust bis zum seitlichen Brustkorb - bei Frauen liegt diese Zone meist auf der Höhe des unteren BH-Randes (Zonen 3 und 12).

Neurolymphatische Punkte dürfen bei Bedarf auch länger als 30 Sekunden massiert werden.

- Danach massieren Sie Punkt 4. Er liegt auf der linken Körpervorderseite, circa in der Mitte zwischen Ende des Brustkorbs und der Linie unterhalb der Brust - zwischen siebter und achter Rippe.

Massieren Sie Punkt 4 am vorderen Brustkorb, nicht zu sehr seitlich.

- Dann kommt der gesamte Rippenbogen (Zone 6) dran - von der Bauchmitte bis zum unteren Abschluß des Brustkorbs.
- Dann gehen Sie vom Bauchnabel aus eine Daumenbreite nach links und rechts, und massieren Sie nun Punkt 7 und den darüberliegenden Punkt 8.
- Nun massieren Sie links und rechts von der Schambeinmitte die Punkte 7 und 9.
- Bevor Sie sich Ihrem Rücken zuwenden, kommen jetzt die Punkte Nummer 14 an beiden Seiten der Oberschenkel entlang der Hüfte bis zum Knie dran. Das geht am besten im Stehen.

!

Das Lymphsystem, der Ableitungs- und Reinigungskanal des Körpers, kann durch die Massage der neurolymphatischen Reflexpunkte in seiner Arbeit unterstützt werden.

Punkte auf der Körperrückseite

Jetzt kommt der Rücken dran.

- Massieren Sie zuerst die Punkte eins, unterhalb der hinteren Schädelknochen.
- Dann massieren Sie den gesamten Rücken an der Linie links und rechts der Wirbelsäule von den Halswirbeln bis hinunter zum Kreuzbein (bis Punkte 7 und 9). Wir massieren dabei auch Bereiche, in denen unsere Abbildung keine

neurolymphatischen Punkte zeigt, zum Beispiel die Linie entlang der Halswirbelsäule. Hier liegen ebenfalls neurolymphatische Zonen. Sie stehen in Verbindung mit den sogenannten Nebenmuskeln zu den 12 Hauptmeridianen (siehe Seite 26). Indem wir den gesamten Wirbelsäulenbereich massieren, erreichen wir auch diese Entgiftungspunkte.

- Abschließend massieren Sie Zone 14. Dazu gehen Sie mit beiden Händen von den Hüftknochen in Richtung Po und massieren oberhalb des Kreuzbeins in Form eines Dreiecks.

Partnermassage der neurolymphatischen Punkte auf dem Rücken

Rückenmassage ohne Partner

Falls Sie keinen Partner haben, der Ihnen den Rücken massieren kann, helfen Sie sich mit einem Trick:

- Stellen Sie sich so vor einen Türpfosten, daß die Kante einmal links und einmal rechts von der Wirbelsäule verläuft. Bewegen Sie sich dann mit geradem Rücken entlang der Kante auf und ab.
- Oder: Stecken Sie zwei Tennisbälle übereinander in einen Strumpf, knoten Sie ihn zu, und stellen Sie sich mit dem Rücken an eine Wand. Klemmen Sie die Bälle so zwischen Rücken und Wand ein, daß sie sich einmal links und einmal rechts der Wirbelsäule befinden, während Sie sich langsam auf- und abwärts bewegen. Variieren Sie den Druck, indem Sie sich mehr oder weniger stark anlehnen.

TIP

Auch Kinder können einem Erwachsenen schon sehr gut den Rücken massieren. Am besten geht dies im Liegen. Besonders schön für beide ist es, wenn danach abgewechselt wird.

- Sie können auch den langen Stiel einer Massagebürste verwenden, um die Punkte auf dem Rücken zu erreichen, an die Sie nicht mit den Händen kommen.

Die Durchblutung anregen

Vielleicht verwenden auch Sie öfter Redensarten wie »Das liegt mir schwer im Magen«, Das muß ich erstmal verdauen«. Um diese »Verdauung« anzuregen, hilft es, die neurovaskulären Punkte zu berühren, die dem Magenmeridian und damit dem Magen zugeordnet sind (siehe Seite 80, ESR-Übung). Denn dabei baut sich Streß ab, und die Durchblutung und Energiezufuhr im Gehirn und im Magen verbessert sich. Die Funktion des Magens und der anderen Verdauungsorgane wird unterstützt.

Neurovaskuläre Punkte berühren

Für das Berühren neurovaskulärer Punkte gelten folgende Regeln:

- Sie werden nur leicht berührt, weil am Kopf viele Nervenrezeptoren liegen, die den Berührungsreiz stark weiterleiten. Ein Drücken wird schnell als unangenehm empfunden.
- Bei der Berührung sollte die Haut an diesen Stellen nur sanft gedehnt werden. Nach einigen Sekunden spüren Sie vielleicht einen gleichmäßigen Puls von 70 bis 74 Schlägen pro Minute, der von den neurovaskulären Punkten ausgeht. Bei doppelt vorhandenen Punkten stimmt dieser Puls in beiden Punkten überein. Er steht jedoch nicht mit dem Herzschlag in Verbindung, sondern ist vermutlich ein Pulsieren der kleinen Kapillargefäße in der Haut. An diesem Pulsieren erkennen Sie, daß die Durchblutung angeregt wurde. Sobald Sie diesen Puls fühlen, berühren Sie die neurovaskulären Reflexpunkte für weitere 20 bis 30 Sekunden.
- Möglicherweise spüren Sie beim ersten Üben noch kein Pulsieren. In diesem Fall berühren Sie die Punkte so lange, wie es Ihnen angenehm ist und bis Sie sich entspannen. Die Übung wirkt in jedem Fall.
- Sie üben am besten im Liegen. Stützen Sie Ihre Ellbogen bei manchen Punkten, zum Beispiel Punkte 11, mit einem Kissen ab, dann ermüden Sie nicht so schnell.

In dieser Übung werden die 14 neurovaskulären Punkte behandelt, die den 14 Hauptmuskeln beziehungsweise den ihnen zugehörigen Meridianen zugeordnet sind.

● Berühren Sie alle neurovaskulären Punkte in der Reihenfolge, wie sie auf der Abbildung auf der vorderen Umschlaginnenklappe) dargestellt sind.
Berühren Sie also die Punkte 1 bis 14 in der Reihenfolge ihrer Numerierung jeweils circa 30 Sekunden mit den Fingerspitzen einer oder - bei beidseitigen Punkten - beider Hände. Bei mehr als zwei Punkten pro Meridian berühren Sie die Punkte nacheinander.
● Wir beginnen mit den neurovaskulären Punkten, die dem Magenmeridian zugeordnet sind, weil dieser seine Maximalenergie (siehe Seite 43) am Tagesbeginn, zwischen 7 und 9 Uhr, hat. Sie können theoretisch mit jedem Meridian anfangen, sollten dann aber die Reihenfolge der Meridiane im Meridianrad (siehe Seite 15) beachten.

Ohren - nicht nur zum Hören

Unsere Ohren können mehr als hören. Sie erfüllen auch andere wichtige Funktionen. Zum Beispiel sorgen sie dafür, daß wir in Ruhe oder Bewegung das Gleichgewicht halten können. Mit den Ohren hören wir nicht nur das gesprochene Wort, sondern wir nehmen den Schall auch als eine Form von Energie auf. Verschiedene Schallwellen und Töne wirken unterschiedlich auf unsere Psyche. So macht uns langandauerndes Babygeschrei oder Baustellenlärm unruhig und nervös, während Vogelgezwitscher oder klassische Musik ausgleichend wirken.

Druckausgleich im Ohr

Sehen wir uns den Aufbau des Ohres etwas genauer an. Von Interesse ist hier vor allem die Ohrtrompete oder Eustachische Röhre. Sie ermöglicht den Druckausgleich im Innenohr. Damit das Trommelfell ungehindert schwingen und die Schallwellen weiterleiten kann, muß der äußere Luftdruck dem Druck im Innenohr entsprechen. Bei jedem Schlucken wird die Paukenhöhle durch die Ohrtrompete belüftet. Dies bewirkt den Druckausgleich.
Bei Luftdruckschwankungen, zum Beispiel bei Autofahrten oder im Flugzeug, können wir diesen Ausgleich durch mehrfaches Schlucken oder Gähnen gezielt selbst herbeiführen.

Das hohe Lebensalter, das viele Dirigenten erreichen, wird nicht zuletzt auf die spezifischen Frequenzen der Schallwellen von klassischer Live-Musik zurückgeführt, von denen sie bei ihrer Arbeit profitieren.

TIP

Wenden Sie die Übung nicht an, wenn Sie bereits Ohrenschmerzen haben!

Eine Empfehlung: Kochsalzlösung

Bei Rachenentzündungen oder Schnupfen ist die Ohrtrompete manchmal durch die geschwollenen Schleimhäute im Nasen-Rachenraum verstopft. Um den Nasenraum abschwellen zu lassen, eignet sich gut eine physiologische Kochsalz-lösung. Kaufen Sie die fertige Lösung in der Apotheke, oder bereiten Sie sie selbst zu:

- Lösen Sie einen Teelöffel Salz in 1/4 Liter abgekochtem Wasser auf. Lassen Sie die Lösung abkühlen, und träufeln Sie diese mit einer Pipette in die Nase, oder schniefen Sie die Lösung von Ihrem Handteller direkt in die Nase.

Auch die Übung Eustachi-Balance kann Ihnen helfen.

»Eustachi-Balance«

Bei der Ohrübung, die in der Kinesiologie »Eustachi-Balance« heißt, sorgen wir zuerst für eine bessere Versorgung des Ohrs mit Sauerstoff und Blut und regen den Abtransport von Abfallstoffen an. Die Lymphe (die »Müllabfuhr« des Körpers) wird aktiviert, und die Energie kann wieder besser fließen.

Im nächsten Schritt erreichen wir einen Druckausgleich, indem wir künstlich einen Unterdruck erzeugen und diesen dann mit einem »Plopp« auflösen.

Die Übung »Eustachi-Balance« fördert also den Druckausgleich im Ohr und sorgt für eine bessere Energieverteilung zwischen dem Mittel- und Innenohr. Vielfältige Beschwerden werden dadurch positiv beeinflußt, zum Beispiel Sprachstörungen wie verzögertes Sprechen, Nuscheln, Stottern oder legasthenische Störungen wie Lese/Rechtschreibschwäche, aber auch Probleme mit dem Gleichgewichtssinn, die sich in Schwanken oder Torkeln zeigen können.

Besteht ein Energieungleichgewicht zwischen Mittel- und Innenohr, fühlen wir uns oft wie betäubt (»taub«!) und matt. Auf der psychischen Ebene kann sich dies in der momentanen Unfähigkeit zeigen, auf unsere innere Stimme zu hören. Machen Sie diese Übung, wenn Sie sich matt und antriebslos fühlen. Die Übung hilft auch ganz konkret, wenn Ihre Ohren »zugefallen« sind - bei Start oder Landung im Flugzeug oder im Auto bei einer Bergfahrt.

So führen Sie die Übung aus

❶ Streichen Sie mit Zeige-, Mittel- und Ringfinger Ihrer rechten Hand einmal vom rechten Nasenflügel her kommend unter dem Wangenknochen entlang in Richtung Ohröffnung. Enden Sie direkt vor der Ohröffnung. Arbeiten Sie mit Ihrer linken Hand immer gegengleich auf der linken Gesichtshälfte.

- Streichen Sie dann vom gleichen Nasenflügel ausgehend oberhalb des Wangenknochens entlang und weiter oberhalb der Ohrmuschel, um die Ohrmuschel herum über den Hals bis zum oberen Rand des Schlüsselbeins.
- Führen Sie diese beiden Schritte je fünfmal aus.

❷ Befeuchten Sie Ihre Hände mit Wasser, öffnen Sie den Mund (wichtig!), und legen Sie Ihre feuchten Hände auf die Ohren. Dabei drücken Sie die Handinnenflächen so gegen die Ohren, daß ein Vakuum entsteht. Dann nehmen Sie die Hände wieder von den Ohren weg und hören dabei ein leichtes »Plopp«. Dieser Teil der Übung läßt sich auch sehr gut als Partnerübung ausführen.

- Wiederholen Sie diesen Schritt zwei- bis dreimal, und vergessen Sie nicht, den Mund dabei geöffnet zu lassen.

TIP

Gegen den Druck auf den Ohren hilft auch Kaugummikauen, ein Bonbon lutschen oder mit einem Strohhalm trinken.

❶

❷

Die Muskulatur entspannen

Bekanntlich erhöht sich unter Streßeinfluß die Muskelspannung. Der Körper macht sich bereit für Flucht oder Kampf. Meistens lösen wir in der Streßsituation diese Anspannung nicht durch körperliche Bewegung auf. Sie bleibt bestehen und erzeugt schmerzhafte Verkrampfungen, zumindest eine zu hohe und unangenehme Spannung in den Muskeln. Unbewußt weichen wir dem Schmerz durch eine veränderte Körperhaltung aus: Zum Beispiel halten wir den Kopf schief oder machen einen runden Rücken. Bleibt diese falsche Körperhaltung über längere Zeit bestehen, so können krankhafte Veränderungen an den Wirbeln (Skoliose) oder ein Rundrücken (»Buckel«) entstehen.
Mit Hilfe der Übungen in diesem Kapitel können Sie Ihre Muskulatur lockern und entspannen, aber auch schmerzhafte Verkrampfungen lösen.

!

Beim Muskellockern müssen Sie keine Dehnungsrekorde aufstellen. Dehnen Sie nur so lange, wie es sich für Sie gut anfühlt. Es geht dabei darum, die Muskeln wieder in einen angenehmeren Spannungsgrad zu bringen.

Dehnen und lockern

Wenn Ihre Muskulatur zu sehr angespannt ist, müssen Sie noch nicht unbedingt Schmerzen empfinden, aber Sie fühlen sich insgesamt nicht mehr wohl. Zudem verbrauchen Sie durch diese Muskelspannung beträchtlich viel Energie, wodurch Sie schnell ermüden oder sich nach einem Arbeitstag wie gerädert fühlen - ein deutlicher Hinweis auf fehlende Entspannung Ihrer Muskeln und auf einen unausgewogenen Energiefluß.

Muskeln lockern

Die Muskellockerungs-Übung bringt wohlige Entspannung nach einem anstrengenden Tag. Sie kann allein oder als Partnerübung gemacht werden.

So führen Sie die Übung ohne Partner aus

Die Übung hat zwei Teile: Wir entspannen zuerst die Arme und dann die Beine.

Schritt eins:

- Stellen Sie sich aufrecht hin oder sitzen Sie gerade.
- Legen Sie jetzt Ihre rechte Hand auf die linke Schulter. Massieren Sie mit dieser Hand Schulter- und Nackenmuskulatur, während Sie den linken Arm entspannt nach unten hängen und leicht kreisen oder nach vor und zurück schaukeln lassen. Greifen Sie beim Massieren mit der Hand in den Muskel. Kneten Sie so den Schulterbereich durch.
- Massieren Sie mit der linken Hand die rechte Schulter, während der rechte Arm locker schaukelt.

Schritt zwei:

- Falls Sie standen, setzen Sie sich jetzt bequem auf einen Sessel oder ein Sofa und stellen Ihr rechtes Bein auf.
- Zupfen Sie mit der rechten oder linken Hand oder mit beiden Händen an der Rückseite des Unterschenkels, beginnend an der Achillessehne, die Wade entlang nach oben. Enden Sie oberhalb der Kniekehle. Beim Zupfen nehmen

Verspannte Muskeln im Schulter- und Rückenbereich führen meist auch zu einer Verkrampfung der Muskeln an der Rückseite der Beine und Knie. Dadurch werden die Blutzirkulation und auch der Energiefluß zum Gehirn behindert.

Sie etwas Muskelgewebe zwischen Daumen und Zeigefinger, ziehen Sie leicht daran, und lösen Sie Ihren Griff danach.

- Machen Sie dies mindestens zwei- bis dreimal. Stellen Sie dann das linke Bein hoch, und wiederholen Sie dieses Verfahren ebenfalls zwei- bis dreimal mit dem linken Bein.

So führen Sie die Übung mit Partner aus

Zuerst die Arme:

- Sie stehen oder sitzen aufrecht und atmen ruhig und gleichmäßig. Ihr Partner stützt Ihren nach oben ausgestreckten Arm mit einer Hand am Ellbogen und stützt mit der anderen Hand Ihren Unterarm. Er hält Ihren Arm in dieser Position so weit oben, wie es für Sie angenehm ist.
- Beim nächsten Ausatmen drücken Sie jetzt mit circa 20 Prozent Ihrer Kraft den Arm nach außen unten, während Ihr Partner dem Druck standhält. Nachdem Sie gedrückt haben, entspannen Sie den Arm beim Einatmen wieder.
- Ihr Partner versucht nun, Ihren Arm in dieser Entspannungsphase noch ein bißchen weiter nach oben in die entgegengesetzte Richtung zu bringen. Wiederholen Sie diesen Ablauf, bis keine weitere schmerzlose Dehnung mehr möglich ist. Gehen Sie bei der Dehnung sanft bis an die Dehnungsschmerzgrenze.
- Wechseln Sie den Arm.

- Sie wiederholen Schritt eins, bis Sie alle Armstellungen durchgemacht haben. Sie halten also zum Beispiel den Arm gestreckt nach oben und drücken in der Ausatemphase in Richtung vorn unten, während Ihr Partner dagegenhält. Beim Einatmen entspannen Sie Ihren Arm, und Ihr Partner drückt diesen in die entgegengesetzte Richtung nach oben hinten. Dehnen Sie auch in dieser Position bis an die Dehnungsschmerzgrenze.

TIP

Gehen Sie tagsüber immer mal wieder ganz bewußt gedanklich durch Ihren Körper: Entspannen Sie ihn und vor allem auch die Schultern!

● Sie können mit Ihrem Arm jede beliebige Position einnehmen und während des Ausatmens immer die Muskulatur anspannen, beim Einatmen locker lassen. Ihr Partner hält in der Anspannungsphase Ihrem Druck stand und dehnt in der Entspannungsphase (bei der Einatmung) gegen die Druckrichtung Ihres Arms.
Beispiel: Sie halten den Arm ausgestreckt oben und drücken in der Ausatmungsphase nach hinten unten. Gedehnt wird dann nach oben vorn. Setzen Sie diese Bewegungsrichtung so lange fort, bis Sie eine Dehnung spüren.
● Nach diesem Prinzip können Sie auch die Schultern und die Beine entspannen. Beachten Sie immer den richtigen Atemrhythmus und die Dehnphase während des Einatmens.

Dann die Beine:
● Am besten legen Sie sich mit einer Unterlage auf den Boden.
● Ihr Partner bringt Ihr ausgestrecktes rechtes Bein so weit nach oben, wie es Ihnen angenehm ist. Das linke Bein bleibt ausgestreckt liegen. Atmen Sie regelmäßig.
● Drücken Sie nun Ihr Bein - wieder mit ungefähr 20 Prozent Ihrer Kraft - beim Ausatmen nach unten gegen den Widerstand Ihres Partners, der das Bein weiter oben hält.
● Während des Einatmens lassen Sie das Bein locker, und Ihr Partner versucht, es auf eine Ihnen angenehme Weise noch ein Stückchen weiter in Kopfrichtung zu dehnen.

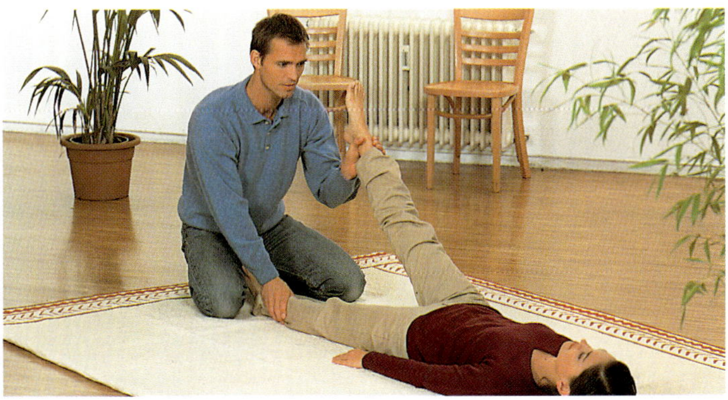

Auf Streß sollte immer auch Entspannung folgen. Werden Streßreaktionen zu lange aufrechterhalten oder wird unser Organismus kurz hintereinander immer wieder in den Streßzustand versetzt, so führt dies unter anderem zu einer Daueranspannung der Muskulatur. Schmerzen sind die Folge.

● Wiederholen Sie diesen Schritt mindestens fünfmal, und wechseln Sie dann zum linken Bein. Machen Sie die Übung mit dem linken Bein ebenfalls mindestens fünfmal.

Kiefergelenkentspannung

Manche Menschen beißen, wenn Sie angespannt sind, im wahrsten Sinne des Wortes die Zähne zusammen. Das führt zu Verspannungen der Kaumuskulatur. Auch nächtliches Zähneknirschen kann sich morgens mit einem Schmerz in dieser Muskelpartie bemerkbar machen. Dann hilft diese Übung.

Hier wird mit einer sanften Technik so gearbeitet, daß der Muskel von selbst die Anspannung losläßt und in die Entspannung geht. Der Trick dabei: Wir verstärken zuerst die Anspannung, denn das ist für den Muskel einfacher, als sich zu entspannen. Erst dann entspannen wir den Muskel.

TIP

Entspannen Sie Ihr Kiefergelenk immer mal wieder während des Tages. Kontrollieren Sie dabei auch gleich Ihre Körperhaltung: Wo spüren Sie Anspannung? Lassen Sie diese ganz bewußt los.

So führen Sie die Übung aus

● Legen Sie Ihre rechte Hand auf die rechte Wange, die linke Hand auf die linke Wange. Plazieren Sie dabei Ihre Hände so, daß der Daumen unten am Unterkieferknochen liegt und der Zeigefinger vor dem Ohr. Die restlichen Finger schließen am Zeigefinger an und liegen auf der Wange.

● Schieben Sie nun ganz leicht und sanft Ihre Hände nach oben in Richtung Schläfe. Machen Sie dies langsam und sachte. Sie werden spüren, wie die Muskulatur des Kiefergelenks mitgeht. Schieben Sie so lange in diese Richtung, bis Sie merken, daß es nicht mehr weitergeht.

● Dann schieben Sie langsam und sanft nach unten in Richtung Kinn. Das ist die Entspannungsrichtung. Wichtig ist auch hier, daß Sie langsam und behutsam vorgehen, dann spüren Sie, wie die Muskulatur nachgiebig wird und Ihnen in die Entspannungsrichtung folgt.

- Gehen Sie so lange nach unten, bis Sie spüren, wie sich die Muskulatur des Kiefergelenks lockert.
- Lösen Sie dann langsam Ihre Hände von den Wangen.
- Wiederholen Sie die Übung nach Bedarf, wenn Sie das Gefühl haben, die Muskulatur ist immer noch angespannt.

Muskelverspannungen auflösen

Der Spannungsgrad unserer Skelettmuskulatur, der Muskeltonus, wird vom Zentralen Nervensystem (ZNS) - Gehirn und Rückenmark - gesteuert. Bewegen wir uns, werden Reize von bestimmten Nervenfasern des ZNS zu den Muskeln geleitet. Diese Impulse nimmt der Muskel auf und setzt sie in Anspannung oder Entspannung um. Durch entsprechende Reize des ZNS zieht sich der Muskel zusammen, er verkrampft. Im Muskelbauch sitzen die Spindelzellen. Sie regulieren den Grad der Anspannung im Muskel. Der Spindelzellmechanismus mißt dabei die momentane Anspannung des Muskels und sendet diese Information an das ZNS. Vereinfacht kann man sich diesen Vorgang so vorstellen: Ist der Muskel angespannt, sind die Spindelzellen dicht beieinander. Ist der Muskel entspannt, liegen sie weiter auseinander.

Ein Krampf im Muskel bedeutet, daß dieser zu stark angespannt ist. In diesem Fall können wir uns das Rückmeldesystem im Muskel, den Spindelzellmechanismus, zunutze machen: Um den Krampf zu lösen, verkürzen wir mit den Händen den Muskelbauch, indem wir ihn in Muskelfaserrichtung zusammendrücken. Das heißt, wir verstärken mechanisch die Anspannung des Muskels, so daß der Abstand der Spindelzellen zueinander kleiner wird. Die Spindelzellen signalisieren diese verstärkte Anspannung ans Gehirn. Dadurch schaltet dieses auf Entspannung, der Muskel wird locker.

TIP

Prinzipiell können Sie diese Technik bei jedem verkrampften Muskel anwenden. Beachten Sie dabei aber bitte, in welche Richtung die Muskelfasern verlaufen. Denn die Spindelzellen, die wir stimulieren, liegen parallel zu den Muskelfasern.

Hilfe bei Wadenkrampf

Fühlt sich Ihre Wadenmuskulatur nach einem Krampf immer noch hart und angespannt an, führen Sie diese Übung durch. Sie entspannt die Wadenmuskulatur.

Diese Technik eignet sich zur Auflösung verschiedener Muskelkrämpfe, nicht nur bei einem Wadenkrampf. Sie entspannt auch den Nacken- und Schulterbereich oder die Kaumuskulatur.

So führen Sie die Übung aus

- Drücken Sie mit Ihren beiden Daumen in Wadenmitte die Muskulatur leicht zusammen, um die Spindelzellen zu stimulieren. Sie können dabei sitzen und das verkrampfte Bein aufstellen.
- Setzen Sie also mit Ihren beiden Daumen in der Wadenmitte an - die Daumen haben einen Abstand von circa acht bis zehn Zentimetern zueinander - und schieben die Daumen mit kräftigem Druck aufeinander zu. Arbeiten Sie längs, nicht quer zur Wade.
- Wechseln Sie die Position immer wieder, und wiederholen Sie das Drücken an mehreren Stellen in der Wadenmitte, bis Sie Erleichterung spüren.

Auch Kalium- oder Magnesiummangel kann verantwortlich sein für wiederkehrende Wadenkrämpfe. Lassen Sie sich gegebenenfalls von Ihrem Arzt untersuchen.

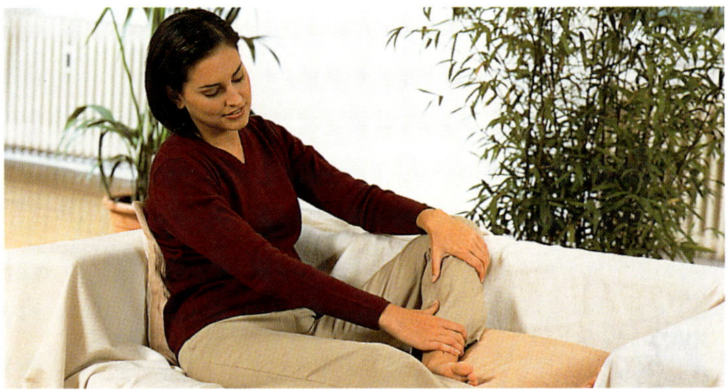

Schulterbereich entspannen

Verspannungen im Schulterbereich sind keine Krämpfe, sondern Folgen einer meist durch körperlichen oder psychischen Streß hervorgerufenen Daueranspannung. Dadurch verändert sich die Körperhaltung, was langfristig zu Schmerzen führt. Die folgende Übung bringt schnell Erleichterung bei akuten Schmerzen.

So führen Sie die Übung ohne Partner aus

❶ Legen Sie den linken Arm über die rechte Schulter, spreizen Sie Ihren Daumen von den restlichen Fingern ab, und bewegen Sie den Daumen und die anderen Finger drückend aufeinander zu.

- Die Handhaltung ist dabei so, daß der Daumen in Richtung Wirbelsäule zeigt und die anderen Finger zum rechten Oberarm weisen.
- Machen Sie das mindestens viermal, und kneten Sie so den oberen Schulterbereich durch.
- Jetzt wechseln Sie die Seite und bearbeiten mit der rechten Hand Ihren linken Schulterbereich auf dieselbe Weise.

So führen Sie die Übung mit Partner aus

❷ Ihr Partner drückt mit beiden Daumen oder mit den gestreckten Fingern beider Hände, die in einem Abstand von circa fünf Zentimetern zueinander liegen, diese aufeinander zu. Er übt dabei einen Druck aus, der in die Tiefe der Muskulatur geht.

- Die Arbeitsrichtung verläuft quer zur Wirbelsäule.

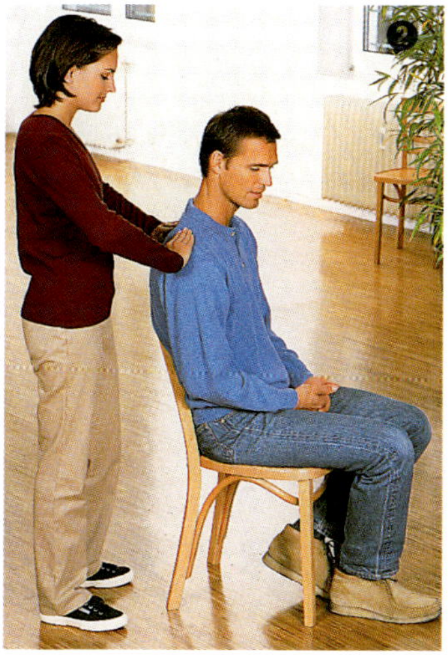

Langfristig bessern sich Beschwerden im Schulterbereich nur dann, wenn Sie ihre eigentliche Ursache wie zum Beispiel Überforderung am Arbeitsplatz, falsche Sitzhöhe beim Schreiben am Bildschirm oder Bewegungsmangel beseitigen.

Schmerzen - was tun?

Schmerz hat immer eine körperliche und eine emotionale Komponente. Nehmen Sie Ihren Schmerz nicht einfach nur hin, sondern machen Sie sich Gedanken, welches persönliche Thema damit auf sich aufmerksam machen möchte. Immer mal wieder werden wir von Schmerzen geplagt, deren Ursache harmlos ist, die aber dennoch äußerst unangenehm sein können. Kopfschmerzen bei Wetterwechsel oder Überanstrengung etwa, das Ziehen im Rücken, der verspannte Nacken oder eine Prellung, Schnittverletzung oder Verstauchung setzen uns gelegentlich ganz schön zu. Der Griff zur Schmerztablette ist immer eine Notlösung. Die Kinesiologie bietet Alternativen: Sanfte Techniken, die wie ein biologisches Schmerzmittel wirken, lindern Ihre Beschwerden ohne Nebenwirkungen.
Alle hier gezeigten Übungen eignen sich auch für die Anwendung bei Kindern.

Haben Sie Schmerzen, deren Ursache Sie sich nicht erklären können, oder Beschwerden, die regelmäßig wiederkehren, sollten Sie unbedingt einen Arzt oder Therapeuten aufsuchen.

Energiefluß nimmt den Schmerz

Die Kinesiologie geht davon aus, daß Energieblockaden in den Meridianen Schmerzen auslösen können. Indem wir also den Energiefluß anregen und ausgleichen, können wir den Schmerz auflösen. Werden die Schmerzen durch energetische Blockaden hervorgerufen, beheben wir somit auch ihre eigentliche Ursache. Falls die Schmerzen von einer Verletzung (Schnittwunde, Verstauchung, Prellung) herrühren, können wir mit den kinesiologischen Techniken ihre Ursache zwar nicht beseitigen, aber wir wirken positiv auf die Schmerzempfindung ein und regen die Selbstheilungskräfte des Körpers an. Auch wenn der Schmerz nach Anwendung dieser Techniken weg sein sollte, schonen Sie die schmerzende Stelle weiterhin. Denn der Schmerz hat auch die Aufgabe, Sie darauf aufmerksam zu machen, daß Ihr Körper Ruhe braucht, um sich zu erholen.

Erste Schritte

- Stufen Sie Ihren Schmerz von der Stärke her zunächst auf einer Skala von eins bis zehn ein. Eins wäre eine leichte

Schmerzempfindung, zehn stellt einen schier unerträglichen Schmerz dar. Falls Sie Ihrem Schmerz den Wert zehn zuteilen, sollten Sie in jedem Fall zunächst Ihren Arzt aufsuchen.

- Machen Sie dann die Übung »Tageszeitbalance« (siehe Seite 41).
- Massieren Sie alle neurolymphatischen Punkte wie auf Seite 102 beschrieben. Massieren Sie schmerzhafte Punkte etwas länger, bis Sie weniger schmerzhaft sind.
- Stufen Sie dann Ihren Schmerz erneut auf der Skala ein. Ist er weiterhin so stark, daß Sie etwas tun möchten, machen Sie die Übung Schmerzbalance.

Schmerzbalance

Machen Sie immer zuerst eine Tageszeitbalance, bevor Sie mit der Schmerzbalance beginnen. Indem Sie mit der Tageszeitbalance den Energiefluß in allen Meridianen gleichermaßen anregen, vermeiden Sie, daß sich eine mögliche Energieblockade - und damit der Schmerz - verlagert. Dies kann sich darin zeigen, daß es Ihnen nach der Schmerzbalance möglicherweise an einer anderen Stelle weh tut als zuvor.

Außerdem ist die Schmerzbalance wirkungsvoller, wenn Sie sich an die angegebene Reihenfolge halten.

In diesem Beispiel (siehe Abbildung) wird der Magenmeridian vom End- zum Anfangspunkt abgetastet.

So führen Sie die Übung aus

- Stufen Sie Ihren Schmerz erneut auf der Schmerzskala von eins bis zehn ein.
- Suchen Sie mit Hilfe der Abbildungen auf den Seiten 48ff. den Meridian, der dem Schmerzpunkt am nächsten liegt oder vielleicht sogar über die schmerzende Stelle verläuft.
- Berühren Sie jetzt mit einer Hand, egal welcher, die schmerzende Stelle, oder falls Ihnen das unangenehm

ist, legen Sie Ihre Hand direkt daneben. Auf dem Foto auf Seite 119 ist das Knie die Schmerzstelle.

- Dann tasten Sie mit der anderen Hand, entweder vom Anfangs- oder Endpunkt des passenden Meridians ausgehend, den Meridian ab und bewegen sich dabei auf die schmerzende Stelle zu. Es ist sinnvoll, von dem Punkt aus zu beginnen, der der Schmerzstelle näher liegt.
- Zum Abtasten können Sie entweder den Daumen oder die restlichen vier Finger nehmen, die Sie dann nebeneinanderlegen und leicht zusammendrücken. Mit vier Fingern geht das Abtasten schneller, weil Sie dann eine größere Fläche bearbeiten können. Wählen Sie aber die Form, die Ihnen am meisten entspricht.
- Gehen Sie mit Ihren Fingern mit leichtem Druck den Meridian entlang, als ob Sie unter der Hautoberfläche etwas ertasten wollten.
- Falls Sie auf dem Meridian auf eine schmerzende Stelle treffen, massieren Sie diesen Punkt so lange, bis der Schmerz dort nachläßt. Während Sie solch einen schmerzhaften Punkt massieren, kann es vorkommen, daß die ursprüngliche Schmerzstelle plötzlich noch mehr weh tut. Massieren Sie dann diesen schmerzenden Punkt auf dem Meridian so lange, bis die Schmerzen an der ursprünglichen Schmerzstelle wieder schwächer werden.
- Fahren Sie fort, den Meridian mit etwas Druck in Richtung Schmerzstelle abzutasten. Sobald die Schmerzen weggehen, können Sie mit dem Abtasten aufhören, auch wenn Sie noch nicht an der Schmerzstelle angelangt sind.
- Sind Sie an der Schmerzstelle angekommen, und der Schmerz dauert an, beginnen Sie mit dem Abtasten am anderen Ende des Meridians: je nachdem, wo Sie begonnen haben, am Anfangs- oder Endpunkt.
- Von dort arbeiten Sie sich wieder auf die Schmerzstelle zu, während Ihre andere Hand wieder auf oder neben der Schmerzstelle liegt.
- Falls Sie auch hier wieder auf schmerzende Stellen im Meridianverlauf stoßen, verfahren Sie wie bereits beschrieben.
- Wenn der Meridian von beiden Seiten herkommend abgetastet wurde und der Schmerz immer noch besteht,

TIP

Bei Schmerzen ist auch eine Touch-for-Health-Balance (siehe Seite 28) sinnvoll.

hören Sie mit dem Abtasten auf. Eventuell ist der Schmerz dann nur schwächer geworden. Stellen Sie das fest, indem Sie ihn erneut auf der Schmerzskala einstufen.

- Falls Sie möchten, prüfen Sie, ob vielleicht ein anderer Meridian - ebenfalls in Nähe des Schmerzpunktes - für das Abtasten in Frage kommen könnte, und wiederholen Sie dann das gesamte Verfahren.
- Alternativ dazu bietet es sich auch an, erneut die neurolymphatischen Punkte zu massieren (siehe Seite 102).

Schmerzen sind immer auch ein Zeichen dafür, daß Energie nicht fließen kann.

ESR bei Schmerzen

Wenn Sie Schmerzen haben, ist auch Ihre Stimmung trübe. Sie fühlen sich schwach, lustlos und zu nichts in der Lage. Körperlicher Schmerz hat deshalb auch immer eine emotionale Komponente. Er löst emotionalen Schmerz aus. Umgekehrt kann eine belastete Psyche handfeste körperliche Probleme hervorrufen. Hierin bestätigt sich die Auffassung der Kinesiologie vom Menschen als Einheit von Körper, Seele und Geist.

Schmerzlinderung muß also nicht unbedingt auf der körperlichen Ebene ansetzen. Auch wenn Sie sich mit Ihren Emotionen beschäftigen, kann der Schmerz aufgelöst werden. Dies geht besonders gut mit der ESR-Technik (siehe Seite 80), die Sie bereits kennen.

So führen Sie die Übung aus

- Setzen Sie sich bequem hin, oder legen Sie sich auf Ihr Bett oder ein Sofa.
- Berühren Sie mit einer Hand - egal welcher - die Schmerzstelle. Die andere Hand legen Sie auf Ihre Stirnbeinhöcker oder ganz auf die Stirn. Stützen Sie Ihre Arme eventuell mit einem Kissen ab, damit Sie entspannt diese Position beibehalten können.
- Während Sie es sich in dieser Haltung so bequem wie möglich machen, überlegen Sie ganz in Ruhe, mit welchem emotionalen Thema Ihr Schmerz in Verbindung stehen könnte. Anhaltspunkt kann zum Beispiel die Körperseite sein, auf der sich der Schmerz zeigt, bestimmte Gliedmaßen (Arme, Beine) oder Körperstellen (Schultern, Nacken). Lesen Sie dazu auch die nächsten Seiten.

Die Psyche kann durch körperliche Symptome auf unbewältigte Probleme aufmerksam machen.

»Wo drückt der Schuh?«

Bestimmte Körperteile, in denen sich der Schmerz niederschlägt, können für spezielle, unbewältigte Themen oder Probleme in Ihrem Leben stehen. Wir geben Ihnen im folgenden einige Gedankenanstöße zu diesem Thema.

Die rechte Körperseite

Die rechte Körperseite, die von der linken Gehirnhälfte gesteuert wird (Funktionen der rechten und linken Gehirnhälfte, siehe Seite 70), steht für Themen der Kontrolle. Das kann zum Beispiel der Versuch sein, über sich oder andere die Kontrolle zu behalten, oder die Angst, diese Kontrolle zu verlieren.

Die rechte Körperseite ist auch die Seite der sogenannten »männlichen« Energie: Hier äußern sich Themen wie Logik, Analyse, Details. Es kann sich aber auch um männliche Mitmenschen drehen, die vielleicht mit dem Schmerz in Verbindung stehen, zum Beispiel der Vater (oder vom Vater übernommene Verhaltensmuster), der Bruder, Ehemann, die Rolle des Mannes, der Sohn, Nachbar und so weiter.

Außerdem geht es bei Schmerzen in der rechten Körperseite um Themen, die mit Manifestation (Offenlegung) zu tun haben: Was setzen Sie von dem, was Ihnen im Leben wichtig ist, tatsächlich um? Dabei spielt die Frage eine Rolle, ob Sie es geschafft haben, neugewonnene Überzeugungen in neue Verhaltensweisen umzusetzen. Oft ist es so, daß wir vom Kopf her schon lange wissen, was für uns richtig oder besser wäre. Aber wir schaffen es noch nicht, dies zu verwirklichen.

Ein Beispiel: Sie sind eine Frau und haben einen Schmerzpunkt im rechten Oberschenkel. Es könnte sein, daß sich dahinter ein Problem mit Ihrem Vorwärtsgehen beziehungsweise Vorankommen verbirgt. Vielleicht haben Sie von Ihrem Vater ein Glaubensmuster übernommen, das besagt, daß Frauen eine eher passive Rolle zukommt und sie nicht aktiv auf Ihr Ziel zugehen müssen. Sobald Ihnen dies über den Schmerz bewußt geworden ist, können Sie sich überlegen, wie Sie Ihr Ziel aktiv verwirklichen. Legen Sie dazu konkrete Schritte fest: Zum Beispiel könnten Sie sich als erstes um eine attraktivere Stelle bewerben.

Die linke Körperseite

Die linke Körperseite, die von der rechten Gehirnhälfte gesteuert wird, hat - entsprechend ihrer Funktion - wieder andere Themen wie die eigene Kreativität, aber auch deren Verleugnung, wenn Sie zum Beispiel nicht bereit sind, Ihre kreativen Möglichkeiten zur Lösung eines Problems auszuschöpfen. Es geht hier auch um die Fähigkeit zur Annahme, zum Beispiel ob Sie in Ihrem Leben eine Sache oder ein Problem so annehmen können, wie es ist, oder nicht, zum Beispiel ob Sie groß oder klein sind. Oder auch darum, ob Sie neue Glaubensgrundsätze (»Ich schaffe es«, statt »Ich bin ein Versager«) in Ihrem Leben annehmen können.
Die linke Körperseite (rechte Gehirnhälfte) symbolisiert das große Ganze, den Überblick. Für diese Körperseite stehen alle Farben, Gerüche, Musik oder Rhythmus sowie die »weibliche« Energie. Dazu gehören Themen wie die Rolle der Frau oder wie sich Frauen zu verhalten haben. Zeigt sich der Schmerz auf der linken Körperseite, macht sich Ihr Problem vielleicht an Verhaltensweisen fest, die Sie von Ihrer Mutter übernommen haben. Oder Sie haben direkt einen Konflikt mit Ihrer Mutter, der Streß erzeugt. Das bezieht sich auch auf andere weibliche Personen wie Schwester, Oma, Tochter und Ehefrau.

Schmerzen sind Warnzeichen. Dauern sie länger an, sollten Sie zum Arzt gehen.

Die Vorder- und Rückseite des Körpers

Die Körperrückseite zeigt allgemein Themen aus der Vergangenheit, die Körpervorderseite betrifft die Gegenwart, aktuelle Probleme und die Zukunft.

Die Körpermittellinie

Die Körpermittellinie hat Bezug zu spirituellen, geistigen Themen. Das sind Dinge, die damit zu tun haben, daß unsere geistige Ebene »verwundet« wurde, weil wir nicht das ausgedrückt haben, was von unserer Persönlichkeit her wirklich wichtig gewesen wäre - unser höchstes Gut. Das kann zum Beispiel der Fall sein, wenn wir immer wieder unsere Originalität oder unser Interesse unterdrückt haben oder nicht nach unserer Intuition handelten. Oder wenn wir im Umgang mit anderen nicht das ausdrücken, was uns tatsächlich beschäftigt oder unseren Neigungen entspricht.

Die Schultern

Die Schultern haben oft etwas mit der Last zu tun, die wir zu tragen haben.

Die Hände

Die Hände stehen in Verbindung zum Thema »halten und behalten«. Sie weisen aber auch auf etwas hin, nach dem wir greifen oder das wir loslassen möchten.

Die Oberschenkel

Die Oberschenkel mit ihren vielen Muskeln, die mit der Fortbewegung zusammenhängen, können mit dem Vorwärtskommen oder der Behinderung dieses Vorwärtsgehens zusammenhängen.

Die Knie

Bei den Knien geht es um Beugung. Deshalb kann es in diesem Zusammenhang interessant sein, ob es etwas gibt, das einen in die Knie zwingt. Achten Sie auf Ihren Sprachgebrauch: »in die Knie gehen«, »auf die Knie gehen« und so weiter.

Die Füße

Die Füße stellen unsere Verbindung zur Erde dar, wie es in der Redewendung »mit beiden Beinen auf der Erde stehen« zum Ausdruck kommt. Die Füße tragen uns zu unseren Zielen oder bringen uns fort von da, wo wir nicht sein möchten. Mit ihnen »stehen« wir zu etwas.

Die Verdauung

Schmerzen, die mit der Verdauung in Zusammenhang stehen, zum Beispiel Magen- oder Darmbeschwerden, hängen häufig mit unterdrücktem Zorn zusammen. Es geht um Themen, die nur schwer zu verdauen sind und deren »Ausscheidung« Ihnen schwerfällt. Es geht hier um das Loslassen von Gefühlen, Gedanken oder Einstellungen, unter denen Sie zwar leiden, die Sie aber dennoch nicht ändern oder aufgeben möchten. Denken Sie daran, was Ihnen schwer im Magen liegt oder was Sie nicht schlucken können, woran Sie noch zu kauen haben.

Wer sich dafür interessiert, wie sich emotionale Themen auf der körperlichen Ebene zeigen, kann in Kursen mit dem Titel »Telling the story« - »Erzähle die Geschichte« von Gordon Stokes und Daniel Whiteside, den Begründern des Three-in-One-Concepts-Systems, mehr darüber erfahren.

Die Augen

Die Augen melden sich vielleicht, wenn es in Ihrem Leben etwas gibt, was Sie nicht sehen, nicht zur Kenntnis nehmen wollen. Oder falls das, was Sie gesehen haben, für Sie problematisch ist. Gibt es etwas oder jemanden, den Sie nicht mehr sehen können? Was hätten Sie sehen sollen und wollten es nicht sehen?

Die Ohren

Wollten Sie etwas nicht hören, oder haben Sie etwas gehört, das nicht für Ihre Ohren bestimmt war und Sie jetzt belastet?

Hals

Haben Sie etwas geschluckt, statt es auszusprechen? Hat das Problem mit etwas zu tun, was Sie gesagt haben?

Die Nase

Wovon haben Sie die Nase voll? Wen oder was können Sie nicht mehr riechen, was stinkt Ihnen?

Der Mund

Haben Sie etwas (zum Beispiel eine Formulierung, eine Überzeugung) aufgenommen, das nicht gut für Sie ist? Haben Sie etwas nicht aufgenommen, das Ihnen geholfen hätte? Waren Sie zu verschlossen und haben etwas zurückgehalten, was Sie hätten äußern sollen?

ESR mit Farben

Farben stehen für Gefühle. Auch für solche, die uns im Moment gar nicht bewußt sind. Indem wir die Farbensymbolik in die ESR-Technik einbeziehen, erreichen wir auch die unterbewußte Ebene von Problemen. Wie Sie aus Ihren Träumen wissen, drückt unser Unterbewußtsein Themen, die uns beschäftigen, häufig in Symbolen aus. Auch Farben sind Symbole. Durch die Kombination der Farbwirkung mit der ESR-Technik bauen wir nicht nur emotionalen Streß ab, sondern bringen auch auf der unterbewußten Ebene etwas in Bewegung: Wir können den Schmerz leichter loslassen.

Wird die ESR-Übung mit Farbvorstellungen kombiniert, kann sie helfen, körperliche Schmerzen zu lindern - ein deutlicher Hinweis auf die Einheit von Körper, Seele und Geist im Menschen.

So führen Sie die Übung aus

- Stufen Sie Ihren Schmerz oder Ihr Problem auf der Schmerzskala ein.
- Legen oder setzen Sie sich bequem hin: Legen Sie eine Hand auf die Stirn, berühren Sie mit der anderen Hand Ihren Hinterkopf. Stützen Sie dabei den Ellbogen mit einem Kissen ab.
- Finden Sie heraus, wo der Schmerz genau sitzt. Mit welcher Farbe können Sie den Schmerz am ehesten in Verbindung bringen? Ist es vielleicht die Farbe Schwarz? Dann überlegen Sie, wo überall dieses Schwarz in Ihrem Körper zu finden ist.

Auch der Atem kann in die ESR-Übung einbezogen werden und hilft, den Schmerz zu lösen.

- Lassen Sie diese Farbe dann aus Ihrem Körper fließen, oder schrubben Sie das Schwarz weg - die Farbe muß aus Ihrem Körper raus! Wenn Sie die Farbe wirklich und vollständig loshaben möchten, fällt Ihnen sicherlich ein, welche Methode für Sie am besten wirkt.
- Stellen Sie sich vor, wie Sie sich fühlen möchten, zum Beispiel beweglich, entspannt, locker oder erfrischt, und welche Farbe für dieses neue Gefühl am besten passen könnte. Ist es vielleicht hellblau oder gelb? Sie sind in der Wahl der Farbe völlig frei.
- Füllen Sie die neue Farbe dahin, wo zuvor das Schwarz war, oder füllen Sie Ihren ganzen Körper mit dieser neuen Farbe und dem dazugehörigen positiven Gefühl. Konzentrieren Sie sich nochmals auf dieses Gefühl.
- Ist Ihnen das neue Gefühl angenehm, oder möchten Sie nochmal etwas daran verändern? Falls ja, können Sie das tun, indem Sie noch eine neue Farbe dazunehmen: Füllen Sie beispielsweise eine Körperseite mit Gelb, die andere mit Blau, oder die Arme mit Gelb, den Rest des Körpers mit Blau. Oder fügen Sie der Farbe Muster hinzu in einer anderen Farbe; oder arbeiten Sie zusätzlich mit Symbolen: zum Beispiel mit der Vorstellung »Ich bin ganz mit Gelb gefüllt und trage auf dem Kopf eine große blaue Blume« ... oder einen Edelstein auf der Stirn. Ihrer Phantasie sind keine Grenzen gesetzt.
- Wenn Sie damit fertig sind, stufen Sie Ihren Schmerz erneut auf der Skala ein: Auch wenn der Schmerz vielleicht nicht ganz weg ist, fühlen Sie sich bestimmt wohler. Wenn

Sie weiter an Ihrem Schmerz arbeiten möchten, wählen Sie eine zusätzliche Übung, zum Beispiel die Schmerzbalance (siehe Seite 119) oder eine andere hier beschriebene Technik.

ESR mit Atmen

Auch der Atem kann in die ESR-Technik einbezogen werden und hilft, den Schmerz zu lösen.

So führen Sie die Übung aus

- Nehmen Sie im Liegen oder Sitzen eine bequeme Haltung ein. Beide Hände berühren die Stirnbeinhöcker, oder eine Hand liegt auf der Stirn, die andere hält den Hinterkopf.
- Aktivieren Sie jetzt Ihren Schmerz, bringen Sie sich zum Beispiel in eine Position, in der er stärker spürbar ist. Bewerten Sie den Schmerz dann in der Schmerzskala von eins bis zehn.
- Beschreiben Sie jetzt den Schmerz so genau wie möglich, und bleiben Sie dabei in der ESR-Position. Folgende Überlegungen könnten Ihnen dabei helfen:
  - An welcher Stelle sitzt mein Schmerz?
  - Wie groß ist die Schmerzstelle?
  - Hat die Stelle eine bestimmte Farbe oder Beschaffenheit, ist sie zum Beispiel hart wie Stein, kalt oder gefühllos, weich und/oder schwammig?
  - Wie ist der Schmerz? Ist er pochend, klopfend, stechend, oder bewegt er sich im Kreis?
- Überlegen Sie sich so viele Details wie möglich, und konzentrieren Sie sich weiter auf den Schmerz.
- Atmen Sie tief ein und aus, und finden Sie einen ruhigen Atemrhythmus. Beobachten Sie dabei, in welcher Atemphase - beim Aus- oder Einatmen - der Schmerz nachläßt. Lassen Sie den Schmerz in dieser Phase mit jedem Atemzug mehr und mehr los, indem Sie in die Schmerzstelle und durch den Schmerz hindurch atmen. Atmen Sie in dieser Haltung ungefähr eine Minute oder bei Bedarf auch länger.
- Beschreiben Sie den Schmerz im Detail noch einmal. Hat er sich verändert? Ordnen Sie den Schmerz erneut auf der Schmerzskala ein. Häufig läßt der Schmerz nach dieser Übung nach. Falls nicht, wiederholen Sie die Übung.

TIP

Bei der Übung ESR mit Atmen ist es hilfreich, wenn Ihnen ein Partner diese gezielten Fragen über die Art Ihrer Schmerzen stellt, während Sie in der ESR-Position bleiben. Sie können die Fragen aber auch für sich allein durchgehen.

Die Sprache der Muskeln

Unsere körperliche und seelische Verfassung zeigt sich auch im Funktionszustand der Muskulatur. Deshalb kann man mit dem kinesiologischen Muskeltest ohne die Hilfe von Apparaten Einblick ins körperliche und seelische Geschehen in einem Menschen erhalten.

Der kinesiologische Muskeltest

Der kinesiologische Muskeltest ist das Feedback-Instrument der Kinesiologie schlechthin. Richtig angewandt bietet er die Möglichkeit, das Wissen des Organismus um das, was ihm fehlt oder guttut, »anzuzapfen«. Weil die Muskulatur vom Gehirn gesteuert wird, erhalten wir dabei auch Informationen aus der rechten und linken Gehirnhälfte. Die Art und Weise, wie unsere Muskeln auf den Test reagieren, spiegelt unsere körperlich-seelische Verfassung, unseren körperlichen oder emotionalen Streß.

Kinesiologie ist eine Methode zur persönlichen Weiterentwicklung mit Hilfe des präzisen Muskeltests als Biofeedback.

Was beim Muskeltest geschieht

In der Kinesiologie werden verschiedene Körpermuskeln getestet. Dabei wird jeder zu testende Muskel durch die Testposition so gut wie möglich von der restlichen Muskulatur, mit der er normalerweise zusammenarbeitet, isoliert, um möglichst direkten Zugriff auf den Testmuskel zu erhalten.
In der Testposition ist der Muskel angespannt (Kontraktion). Die Testperson soll nun diese Position beibehalten, während der Testende auf den Muskel ungefähr zwei Sekunden lang leichten Druck ausübt. Dieser Druck geht in Richtung Extension, also Dehnung des Testmuskels. Hält der Testmuskel diesem Druck stand, spricht man in der Kinesiologie von einem »starken« Muskel. Gibt er dem Druck nach, reagiert der Testmuskel hingegen »schwach«.
Stark oder schwach beinhaltet aber keine Wertung dieser Muskelreaktion. Alternativ zu dieser Bezeichnung wird in der Kinesiologie auch von einem an- beziehungsweise abgeschalteten Muskel gesprochen.

Was der Muskeltest kann

In der Angewandten Kinesiologie wird der Muskeltest wie ein Meßinstrument verwendet. Er ermöglicht es, schnell, einfach und ohne Apparate Einblick ins körperlich-seelische Geschehen eines Menschen zu bekommen. Denn der Körper – »Biocomputer« – weiß genau, was ihm fehlt.

Der Muskeltest deckt Ursachen auf

Die Angewandte Kinesiologie ist mit der Chiropraktik (siehe Seite 24) der Auffassung, daß unser Organismus eine innere Intelligenz besitzt, die ihn auf allen Ebenen organisiert. Mit Hilfe des Muskeltests kann diese Intelligenz des Körpers »abgefragt« werden. Warum, so werden Sie sich vielleicht wundern, fragt man nicht einfach den betroffenen Menschen? – Zwar kennt jeder sich selbst und seinen Körper am besten. Aber die Ursachen vieler Probleme oder Beschwerden sind uns häufig nicht bewußt.
Richtig angewandt, bietet der Muskeltest also die Möglichkeit, den Körper zu »befragen«, ob der Organismus mit seinen drei Funktionsbereichen Struktur (Bewegungsapparat), Stoffwechsel und Psyche (siehe Seite 31) im Gleichgewicht ist oder nicht.

Der Muskeltest weist den Weg zur Behandlung

Körperlicher oder seelischer Streß löst Energieungleichgewichte aus, die langfristig zu Beschwerden und Krankheiten führen können. Mit dem Muskeltest können wir solche Energieblockaden aufspüren und ihre Ursachen herausfinden.
Muskeltesten ist also ein Feedback-System: Es zeigt auf, welche Faktoren bei der getesteten Person auf der körperlichen oder psychischen Ebene zu Streß und damit zu Energieblockaden und gesundheitlichen Störungen führen.
Ein Beispiel: Ein Patient klagt über Kopfschmerzen. Dahinter können, individuell bedingt, ganz unterschiedliche Ursachen stecken, zum Beispiel muskuläre Verspannungen, Allergien, Empfindlichkeit gegenüber Lösungsmitteln, ein Mangel an Vitaminen und/oder Spurenelementen, Energieblockaden oder -ungleichgewichte in den Meridianen, psychische Belastungen wie akute Überforderung oder belastende Beziehungen zu anderen und vieles mehr.
Um herauszufinden, was genau die Kopfschmerzen hervorruft, benützt der Therapeut in Verbindung mit anderen speziellen kinesiologischen Techniken den Muskeltest. Abhängig von der Reaktionsweise des Muskels werden dann spezielle Korrekturverfahren angewendet, um die Blockaden aufzulösen.

Der Muskeltest weist auf energetische Störungen hin. Er bietet uns Zugang zur kinesiologischen »Triade«, den drei Organisationsebenen unseres Organismus.

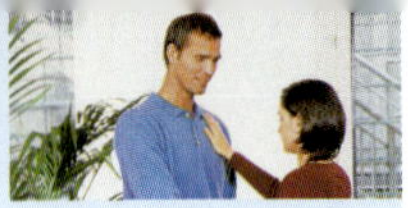

Zugang zur Psyche

Der Muskeltest bietet auch einen unkomplizierten Zugang zur psychischen Ebene eines Menschen. Der Grund: Man testet dabei ja nicht nur Muskeln, sondern indirekt auch die Gehirnhälften. Wie wir bereits wissen, steuert die linke Gehirnhälfte die Bewegungen der rechten Körperseite. Testet man nun Muskeln auf der rechten Körperseite, erhält man automatisch auch Informationen von der linken Gehirnhälfte und umgekehrt. Testen wir einen oder mehrere Muskeln auf der linken Körperseite, bekommen wir Informationen von der rechten Gehirnhälfte.

»Unser Glaubenssystem beherrscht das Bewußtsein. Es beruht darauf, perfekt sein und Leistung bringen zu müssen.«

(Gordon Stokes, Daniel Whiteside)

Das Allgemeine Integrationszentrum

Weil die linke Gehirnhälfte andere Aufgaben erfüllt als die rechte (siehe Seite 70), sollten vor allem bei Themen, welche die Psyche betreffen, immer beide Körperseiten getestet werden. Dabei kann die »Antwort« der beiden Seiten ganz unterschiedlich ausfallen. Die dominante Gehirnhälfte - bei den meisten Menschen ist dies die linke - enthält einen Bereich, der Allgemeine-Integrations-Zone (AIZ) genannt wird. Nach Gordon Stokes und Daniel Whiteside übernimmt sie im Streßfall die Regie im Gehirn. Die AIZ wählt aus dem Vorrat an möglichen Reaktionen jene aus, die uns am ehesten vor Schmerz, Angst oder Angst vor Schmerz bewahren kann. Die AIZ ist für unser Selbstbild und unsere Selbsteinschätzung verantwortlich. Informationen, die von außen kommen, werden in der AIZ auf unser Glaubenssystem zurechtgeschnitten, damit sie zu den »Wahrheiten« passen, die wir in unserem bisherigen Leben kennengelernt haben. Darum hat jeder Mensch seine eigene Wahrheit: Ein Vorfall, bei dem drei verschiedene Personen anwesend waren, wird von jeder Person etwas anders dargestellt. Unsere AIZ sortiert automatisch Informationen aus, die nicht in unser ganz persönliches Glaubenssystem passen.

Die rechte Gehirnhälfte

Die rechte Gehirnhälfte arbeitet anders als die linke, und sie hat auch andere Prioritäten. Die linke Gehirnhälfte hilft uns dabei, uns in der Realität oder darin, was wir dafür halten, zurecht zu finden und die Kontrolle zu behalten. Die rechte

Gehirnhälfte ermöglicht uns Kreativität und Erkenntnis, die nicht in unmittelbarem Zusammenhang mit früheren Erfahrungen stehen. Sie hat sich alles gemerkt, was wir mit Hilfe der AIZ ausgeblendet haben, was uns nicht mehr bewußt ist oder an was wir uns nicht mehr erinnern wollen.

Nicht nur die halbe Wahrheit

Muskeltesten ist also nicht nur ein Biofeedback vom Körper, sondern auch vom Gehirn. Es gibt uns deshalb »Antworten«, die wir bewußt nicht geben könnten, wenn wir entsprechend gefragt würden. Im Gegenteil, solche bewußten Antworten sind häufig nur die halbe Wahrheit. Eine wahrhaft ehrliche Antwort enthält jedoch unsere gesamte Lebenserfahrung, auch das, was uns im Moment nicht bewußt ist.

Der Muskeltest ist subjektiv

Der gelegentlich als »subjektive« Testmethode angezweifelte Muskeltest ist insofern tatsächlich nicht objektiv, als der Testende selbst Teil des Tests ist. Die individuelle Wahrnehmung beider Testteilnehmer fließt also ins Ergebnis mit ein. Mit dem gegenwärtigen Wissen der Schulmedizin ist das Phänomen Muskeltest bislang nicht zu erklären. Die Heilerfolge allerdings, die unter Einsatz dieses Instruments möglich waren, sprechen in den Augen der Anwender eindeutig für dieses Verfahren.

TIP

Buchtip für alle, die mehr über die Funktionsweise des Muskeltests erfahren möchten: Charles T. Krebs, »Wieso der Muskeltest funktioniert«, Verlag für Angewandte Kinesioloige, Freiburg

Das direkte Befragen des Biocomputers

Wenn Sie schon einen Touch-for-Health-Kurs gemacht haben, konnten Sie bereits Erfahrungen mit dem Muskeltest sammeln. Beim TfH testen wir mit dem Muskeltest, ob in einem bestimmten Meridian eine Energieblockade vorliegt. Wenn ja, testet der Muskel »schwach«. Wir wenden dann die TfH-Korrekturtechniken an, zum Beispiel die Massage der neurolymphatischen und neurovaskulären Punkte (siehe Seite 102 und 106). Anschließend testen wir erneut, um zu sehen, ob sich die Energieblockade aufgelöst hat. Bei dieser Art des kinesiologischen Muskeltestens können Sie - sofern Sie die richtige Testposition und Testrichtung beachten - nicht viel verkehrt machen. Anders sieht es mit der Fragemethode aus.

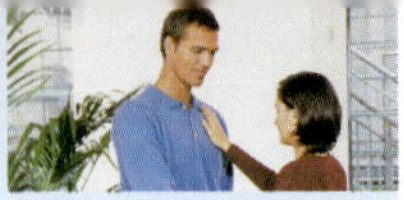

Themen, die für uns streßbesetzt sind, werden meist ins Unterbewußtsein verdrängt. Mit Hilfe der AIZ (Seite 132) suchen wir uns aus, an welchen Teil der Wahrheit wir uns erinnern wollen. Unsere bewußten Antworten lassen uns so erscheinen, wie es unseren aktuellen Überzeugungen und Einstellungen entspricht.

Die Fragemethode

Bei der Fragemethode stellt der kinesiologische Anwender dem Organismus der Testperson gezielt bestimmte Fragen, die der Körper mit seiner Reaktion beim Muskeltest mit »ja« beziehungsweise »nein« beantwortet. In der Regel bedeutet eine schwache Muskelreaktion »nein«, eine starke dagegen »ja«. Um das Funktionieren der Fragemethode zu begreifen, erinnern wir uns an das Modell des »Biocomputers«: Unser Körper kann, ähnlich wie ein Computer, der mit 0 und 1 arbeitet, ebenfalls »antworten«, indem der Muskel hält (»ja«) oder schwach reagiert (»nein«).

Interessanterweise lautet die »Antwort« unserer Muskeln manchmal anders als die Antwort, die wir bewußt selbst geben würden. So sagen wir manchmal eben eher aus Pflichtgefühl »ja«, obwohl wir eigentlich »nein« meinen oder umgekehrt. Außerdem steht unserem Bewußtsein nur eine begrenzte Auswahl an Informationen zur Verfügung (Funktion der AIZ, siehe Seite 132). Unsere unterbewußte Ebene, die wir mit dem Muskeltest auch erreichen, umfaßt jedoch mehr. Hier erhalten wir Zugang zu den Informationen darüber, was wir tatsächlich erlebt, gedacht oder gefühlt haben.

Regeln der Fragemethode

Viele qualifizierte Anwender der Kinesiologie arbeiten mit der Fragemethode, die bei unkorrekter Anwendung aber leicht zu falschen Ergebnissen führen kann. Wir empfehlen die Fragemethode erst anzuwenden, wenn Sie bereits gut im Muskeltesten geübt sind. Außerdem sollten Sie dabei folgendes beachten:

- Formulieren Sie Ihre Fragen klar und einfach, und testen Sie mit einer Gegenfrage nach.
- Die Fragen, die Sie stellen, müssen mit »ja« beziehungsweise »nein« beantwortet werden können.
- Stellen Sie möglichst wenig Fragen, und arbeiten Sie wie beim Wasser- (siehe Seite 140) oder Switching-Test (siehe Seite 141) möglichst direkt mit dem Muskeltest.

Auch unter den Kinesiologen sind die Meinungen über die Fragemethode geteilt, weil sie bei unkorrekter Anwendung zu einer großen Fehlerquelle werden kann. Die Schwierigkeit liegt vor allem darin, daß Fragen ungenau gestellt werden und die Antwort dann unter Umständen falsch interpretiert wird.

Die Grenzen der Fragemethode

Außerdem hat auch die Fragemethode ihre natürlichen Grenzen.

- Keinesfalls können Sie mit dem Muskeltest Ihre Zukunft erforschen. Sie würden damit allenfalls Ergebnisse erhalten, die auf Ihren persönlichen Spekulationen oder Erwartungen beruhen.
- Ebenso sinnlos sind Fragen über Beziehungen zu anderen Menschen. Hierbei kann Ihnen der Muskeltest zwar anzeigen, daß Sie Streß mit einem bestimmten Menschen haben oder mit einer Situation, die Sie mit diesem Menschen verbinden. Eine Antwort auf die Frage, wie Sie sich in Zukunft diesem Menschen gegenüber verhalten sollen, kann er Ihnen aber nicht geben.
- Der Muskeltest ersetzt auch nicht das Denken. Um sinnvolle Entscheidungen treffen zu können, brauchen Sie mehr Informationen, als sie Ihnen der Muskeltest mit seiner Aussage über Streß liefern kann. Allerdings kann er Ihnen helfen herauszufinden, was Ihren Streß verursacht und Sie so möglicherweise in Ihrer Handlungsfreiheit einschränkt.
- Fragen zu Krankheiten, wie »Habe ich Krebs?« oder »Sind meine Cholesterinwerte zu hoch?«, sind tabu. Auch hier werden Sie nur wieder Antworten erhalten, die Ihnen zeigen, daß das Thema Krankheit ein emotionaler Streßfaktor für Sie ist. Lassen Sie sich im Zweifelsfall ärztlich untersuchen.
- Ebenso falsch wäre es, ärztlich verordnete Medikamente abzusetzen, die Sie mit dem Muskeltest ausgetestet haben. Verordnen Sie sich aufgrund des Muskeltests auch nicht selbst irgendwelche Arzneien. Medikamente dürfen nur von Therapeuten ein- oder abgesetzt werden!

Ein Antibiotikum zum Beispiel, das aufgrund einer Lungenentzündung verordnet wurde, zeigt im Muskeltest für den Dünndarmmeridian bestimmt eine schwache Reaktion, weil es auch die Darmflora angreift. Dies ist jedoch entschieden das kleinere Übel, das wir in Kauf nehmen müssen, um größere Risiken auszuschalten.

TIP

Das Ergebnis des Muskeltests ist eine Momentaufnahme. Sie erhalten damit auch Informationen, die Ihr Organismus aus der Vergangenheit gespeichert hat.

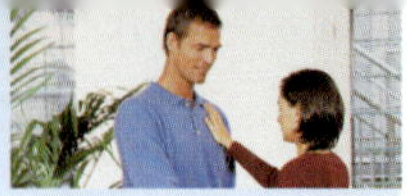

Muskeltesten - aber richtig!

Eigentlich ist Muskeltesten ganz einfach, wenn Sie sich genau an die Regeln halten, die wir im folgenden ausführlich darstellen.

TIP

Um sicher zu sein, daß Sie Muskeltesten richtig lernen, empfehlen wir Ihnen, einen TfH-Kurs zu besuchen.

Einige Grundregeln

- Beim kinesiologischen Muskeltest geht es nicht um Stärke oder Schwäche. Im Unterschied zum physiotherapeutischen Muskeltesten, bei dem die Kraft eines Muskels geprüft wird, registriert der kinesiologische Behandler beim Muskeltest die Veränderung des isometrischen Widerstands verschiedener Körpermuskeln. Bleibt der Muskel stark, heißt das, daß die Energie, die den Muskel versorgt, ungehindert fließen kann, also keine Energieblockade im dazugehörigen Meridian vorliegt. Reagiert der Muskel »schwach«, ist das Gegenteil der Fall.
- Bevor Sie als Testender Druck auf einen Muskel ausüben, zeigen Sie Ihrem Gegenüber immer zuerst an, in welche Richtung Sie auf den Muskel drücken werden, und geben Sie ihm das Signal »Halten«. Das »Halten« ist die Aufforderung an den Getesteten, Ihrem Druck auf den zu testenden Muskel standzuhalten. Achten Sie darauf, den Testdruck langsam und gleichmäßig aufzubauen, damit Sie Ihren Testpartner nicht damit überrumpeln. Nehmen Sie den Testdruck, nachdem Sie die Muskelreaktion festgestellt haben, rasch wieder zurück.
- Nehmen Sie sowohl als Tester wie auch als Testperson eine neutrale innere Haltung ein: Machen Sie sich von etwaigen Erwartungen frei, der Muskel müsse beim Test auf jeden Fall halten oder nachgeben.
- Zeigen Sie als Tester der Testperson Ihr ungeteiltes Interesse und Ihre Aufmerksamkeit, indem Sie ganz genau zuhören, was Ihr Testpartner sagt, ohne es zu bewerten. Seien Sie unvoreingenommen und offen. Nur so werden Sie ein richtiges Testergebnis erhalten können. Spannungen zwischen Tester und Testperson beeinflussen das Ergebnis.

Die Vortests

Wie schon erwähnt, verwenden wir den Muskeltest wie ein Meßinstrument. Deshalb müssen wir sicherstellen, daß unser Meßinstrument auch »geeicht« ist. Das geschieht über die Vortests. Sie helfen, vor dem Testen häufig auftretende Energieblockaden aufzulösen, damit wir klare Ergebnisse erhalten. Mit Hilfe der Vortests können wir auch feststellen, ob ein Muskel testbar oder ob er eventuell »blockiert« (siehe Seite 146) ist. Mit einem blockierten Muskel erhalten wir falsche Testergebnisse.
Die verschiedenen kinesiologischen Programme arbeiten mit unterschiedlichen Vortests. Wir zeigen Ihnen hier die Vortests, die am häufigsten verwendet werden und die Sie auf jeden Fall mit Ihrem Testpartner machen sollten, bevor Sie etwas anderes testen, zum Beispiel Bach-Blüten (siehe Seite 148).

Zu den Vortests gehören:

- Der Test, ob unser Organismus (»System«) momentan über genügend Wasser verfügt (»Wassertest«, Seite 140).
- Der Test, ob zwischen den Polaritäten - den elektromagnetischen Energiefeldern der rechten beziehungsweise linken Körperhälfte - ein Ungleichgewicht besteht (»Switching-Test«, Seite 141).
- Der Test, ob die Energie im Zentral- und Gouverneursgefäß in die richtige Richtung fließt (Seite 14).
- Der »Ja-Nein-Test«: Mit diesem Test stellen wir sicher, daß eine Frage, die wir dem Biocomputer beim Muskeltesten stellen, durch eine entsprechende Muskelreaktion mit »ja« oder »nein« beantwortet werden kann (Seite 145).
- Der Test, ob der Testende die Erlaubnis hat, den Muskeltest beim Partner auszuführen (Seite 145).

So testen Sie Muskeln

Wir geben Ihnen im folgenden eine ausführliche Anleitung, wie Sie den kinesiologischen Muskeltest durchführen können. Diese Anleitung gilt für alle Übungen, die wir im Zusammenhang mit dem Muskeltest beschreiben werden. Da wir im Rahmen dieses Buches nicht sämtliche Muskeln und ihre Testpositionen darstellen können, beschreiben wir

TIP

Eventuell gibt es in der Nähe Ihres Wohnortes auch die Möglichkeit, an kinesiologischen Übungsabenden teilzunehmen. Dort können Sie das Muskeltesten üben und gewinnen dadurch mehr Sicherheit mit diesem Werkzeug.

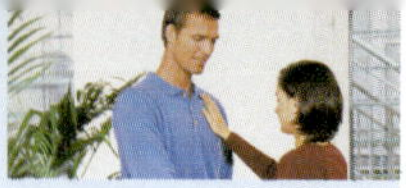

hier nur die Testposition des Vorderen Deltamuskels (Deltoideus anterior). Der Vordere Deltamuskel sorgt zusammen mit anderen Muskeln dafür, daß wir den Arm anheben können, zum Beispiel beim Kämmen.
Sie können bei allen folgenden Übungen mit diesem Muskel arbeiten, der stellvertretend für alle anderen Muskeln steht. Solch einen Muskel nennt man in der Kinesiologie auch Indikatormuskel (IM), was »Anzeigemuskel« bedeutet.

Ist der Indikatormuskel angeschaltet?

Zuerst überprüfen wir, ob der Vordere Deltamuskel bei der Testperson als Indikatormuskel in Frage kommt. Dazu muß er angeschaltet, also stark sein.

Als Indikatormuskel kann jeder Muskel des Körpers verwendet werden, der im kinesiologischen Sinn »angeschaltet« ist und normal funktioniert.

So führen Sie den Test aus

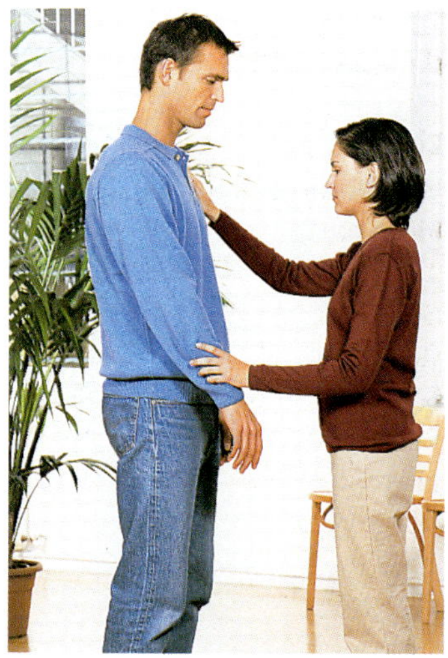

Wir testen zuerst unseren Indikatormuskel. Dazu bringen wir den Arm in die richtige Testposition.

- Der rechte oder linke Arm der Testperson - in der Wahl sind Sie frei - hängt locker an der Körperseite.
- Um in die Testposition zu kommen, bringt die Testperson den Arm ausgestreckt so weit nach vorn, daß ein Winkel von circa 45 Grad zur Ausgangsposition entsteht.
- Der Tester steht der Testperson gegenüber und legt seine linke Hand auf ihren rechten Arm oder umgekehrt. Die Hand sollte dabei etwas oberhalb des Handgelenks liegen. Die Hand des freien Arms stabilisiert die diesem Arm gegenüberliegende Schulter der Testperson.
- Der Tester zeigt jetzt zuerst die Testrichtung an, das heißt die Richtung, in die er den Druck auf den Arm ausüben wird. Die Testrichtung beim Vorderen Deltamuskel ist gerade nach hinten.

- Nachdem Sie den Arm der Testperson in die Testrichtung geführt haben, bringen Sie ihn wieder in die Ausgangstestposition zurück. Sagen Sie dann »Halten«, und drücken Sie auf den Arm circa ein bis zwei Sekunden lang in die Testrichtung.
- Verwenden Sie dabei nur so viel Druck, wie nötig ist, um herauszufinden, wann der Muskel »sperrt«. Dieses Sperren fühlt sich wie ein Einrasten an, das normalerweise gleich zu Beginn des ersten Drittels des Bewegungsradius der Testrichtung erfolgen sollte. Das Sperren bedeutet, daß der Muskel »stark« reagiert hat.
- Sind Sie unsicher, ob der Muskel gesperrt hat oder nicht, bringen Sie ihn wieder in die Ausgangsposition und wiederholen den Test.
- Ein angeschalteter, starker Muskel hält bei mehrmaligem Testen immer besser. Ein schwacher, abgeschalteter Muskel dagegen wird bei mehrmaligem Testen immer schwächer.

Einen abgeschalteten Muskel erkennen

Wie erkennen Sie, daß der Indikatormuskel »schwach« reagiert hat beziehungsweise abgeschaltet ist? Achten Sie darauf, ob der Testmuskel innerhalb der ersten Zentimeter des Bewegungsradius der Testrichtung sperrt oder erst später. Rastet der Muskel erst später ein, zittert er, oder treten Schmerzen auf, gilt er als abgeschaltet (schwach).
Beachten Sie auch, ob Ihr Testpartner von der Testposition abweicht. Das kann sich zum Beispiel so zeigen: Er beugt den eigentlich gestreckten Arm wieder, er ballt die Fäuste, arbeitet mit dem ganzen Körper gegen den Testdruck, verdreht den Körper, drückt mit dem Testmuskel dagegen, obwohl Sie noch gar nicht begonnen haben, den Testdruck auszuüben.
Mit diesen Ausweichversuchen möchte der Körper die »Schwäche« des Muskels ausgleichen. Der Muskel erscheint dann stark, ist aber eigentlich schwach.

Schmerzt der Indikatormuskel der Testperson beim Testen, unterbrechen Sie den Test. Ein schmerzender Muskel gilt als abgeschaltet. Wenden Sie dieselben Korrekturtechniken an, die für einen schwachen Muskel gelten.

Einen abgeschalteten Muskel einschalten

Hat der Muskel stark reagiert, ist er als Indikatormuskel für die Vortests geeignet. Bekommen Sie eine schwache Muskelreaktion, massieren Sie die neurolymphatischen Punkte

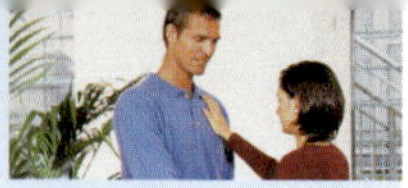

rechts und links vom Brustbein (Nummer 11), wie in der Übung auf siehe Seite 102 beschrieben. Testen Sie dann erneut.

Falls der Indikatormuskel immer noch abgeschaltet ist, berühren Sie die neurovaskulären Punkte Nr. 11 (siehe vordere Umschlaginnenklappe) circa 30 Sekunden bis eine Minute lang. Testen Sie erneut nach. Ist der Indikatormuskel wider Erwarten immer noch schwach, fahren Sie dreimal den Gallenblasenmeridian in seiner Verlaufsrichtung nach (siehe Seite 59). Testen Sie erneut: Normalerweise ist der IM jetzt stark. Wenn nicht, wenden Sie sich an einen ausgebildeten Kinesiologen, oder wählen Sie - falls Sie bereits einen TfH-Kurs gemacht haben - einen anderen Muskel als Indikator aus.

TIP

Das beste Getränk ist Wasser. Bedenken Sie, daß sich in Streßsituationen der Wasserbedarf im Körper erhöht, und trinken Sie täglich mindestens ein bis zwei Liter Mineralwasser mit oder ohne Kohlensäure.

Der Wassertest

Auch in der Schulmedizin wird Austrocknung dadurch überprüft, daß der Arzt den Patienten leicht an der Haut zieht. Bleibt dort für einige Zeit eine Falte stehen, ist das ein deutlicher Hinweis dafür, daß der Betroffene zuwenig Wasser im Körper hat. Beim kinesiologischen Wassertest testen wir zwar nicht diesen extremen Grad der Austrocknung. Wenn jedoch Wasser im Körper fehlt, ist das Ziehen an der Haut ein Stressor für den Organismus. Das zeigt sich dann in einem schwachen IM.

Falsche Ergebnisse durch Wassermangel

Indem wir an den Haaren ziehen, ziehen wir indirekt auch an der Kopfhaut. Meistens ist es für die Testperson angenehmer, wenn sie leicht an den Haaren gezogen wird als an der Haut an einer anderen Körperstelle.

Bei Wassermangel ist die Informationsübermittlung zwischen Körper und Gehirn beeinträchtigt. Dadurch kann es beim Muskeltest zu falschen Ergebnissen kommen.

So führen Sie den Wassertest aus

- Ziehen Sie Ihren Testpartner leicht an den Haaren oder bei sehr kurzem Haarschnitt an einer beliebigen Stelle, zum Beispiel an der Wange, leicht an der Haut.
- Dann testen Sie den Indikatormuskel wie beschrieben.
- Ist der IM angeschaltet, ist im Moment genügend Wasser

im System, und Sie können den nächsten Vortest, den Switching-Test, machen. Reagiert der IM schwach, sollte die Testperson etwas stilles Mineralwasser trinken.

- Wiederholen Sie dann den gesamten Wassertest. Ist der IM wieder schwach, sollte die Testperson noch mehr trinken. Auch der Tester sollte dann Wasser zu sich nehmen.
- Testen Sie anschließend nochmals.

Der Switching-Test

Unser ganzer Körper ist polarisiert, und auch die Hände haben eine meßbare elektrische Ladung. Die unterschiedlichen Polaritäten bezeichnet man - auf das Prinzip der magnetischen Ladung bezogen - als »positiv« beziehungsweise »negativ«. Der Körper funktioniert zwar als Einheit, jedoch arbeitet jede Nervenzelle und jeder Muskel nach dem Polaritätsprinzip. Dabei findet laufend ein Austausch magnetischer Ladung zwischen plus und minus statt, der grundlegend ist für die Weitergabe von Nervenimpulsen.

Das Gleichgewicht der Polaritäten überprüfen

Beim Switching-Test überprüfen Sie, ob die Polaritäten bei der Testperson im Gleichgewicht sind. Ein Ungleichgewicht der Polaritäten kann zu einem fehlerhaften Testergebnis führen.

So führen Sie den Test aus

Wir beschreiben hier die einfache Variante des Switching-Tests.

1. Berühren Sie bei der Testperson die Korrekturpunkte Niere 27, und testen Sie dabei den Indikatormuskel.
2. Berühren Sie bei der Testperson die Endpunkte des Zentralgefäßes in der Hautfalte zwischen Kinn und Unterlippe, und testen Sie dabei den IM (siehe Seite 142).

Die Korrekturpunkte Niere 27 sind die Endpunkte des Nierenmeridians. Sie liegen direkt unter dem Schlüsselbein, rechts und links vom Brustbein.

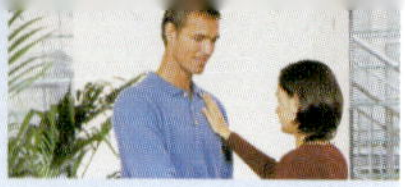

Bei den einzelnen Testschritten im Switching-Test sollte der Indikatormuskel immer angeschaltet sein. Falls er dies nicht ist, korrigieren Sie mit den hier beschriebenen Techniken.

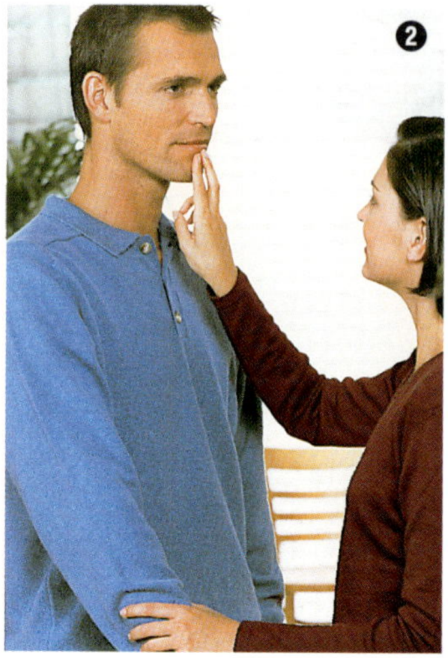

❸ Berühren Sie bei der Testperson den Punkt Gouverneursgefäß 27 (GG 27) in der Mitte am oberen Rand der Oberlippe, und testen Sie dabei den IM.

❹ Berühren Sie bei der Testperson den Anfangspunkt des Gouverneursgefäßes an der Steißbeinspitze, und testen Sie dabei den IM.

- Falls der IM nicht angeschaltet ist, massiert die Testperson mit einer Hand die Punkte, bei denen der IM abgeschaltet war. Die andere Hand liegt dabei auf dem Bauchnabel. Dann werden die Hände gewechselt: Die Hand, die auf dem Bauchnabel war, massiert jetzt die Punkte, und die andere Hand geht auf den Bauchnabel. Jetzt wiederholen Sie den Test. Normalerweise wird der IM jetzt angeschaltet sein.

Gouverneurs- und Zentralgefäß-Test

Bei diesem Vortest prüfen Sie, ob die Energie im Gouverneurs- und Zentralgefäß in die richtige Richtung fließt. Nur wenn dies der Fall ist, wird auch der Muskeltest keine verfälschten Ergebnisse liefern.

So testen Sie das Zentralgefäß

- Überprüfen Sie mit dem Muskeltest, ob der IM angeschaltet ist.
- Falls ja, fahren Sie mit einer Hand bei der Testperson am Zentralgefäß-Meridian entlang, vorn in Körpermitte von unten (Schambein) nach oben zum Endpunkt des Meridians an der Unterkante der Unterlippe. Machen Sie dies zwei- bis dreimal.
- Testen Sie den IM erneut. Er sollte weiterhin angeschaltet sein. Falls er - was unter Streß manchmal vorkommt - abschaltet, obwohl Sie den Meridian in der korrekten Flußrichtung entlanggefahren sind, wenden Sie folgende Techniken zur Korrektur an:
Machen Sie die Cook-Übung (siehe Seite 74), oder »bürsten« Sie das Zentralgefäß (Wenn der IM umgekehrt reagiert, siehe Seite 144).
- Fahren Sie den Meridian bei der Testperson zwei- bis dreimal in die »falsche« Richtung ab, also von oben nach unten. Dieses Fahren in der falschen Richtung ist ein Stressor für den Organismus, was sich beim Muskeltest in einem abgeschalteten IM zeigen wird. Ist der IM trotzdem stark, kann er auch blockiert sein.
Sie können diese Blockade möglicherweise mit der Cook-Übung (siehe Seite 74), der ESR-Technik (siehe Seite 80) oder mit Wassertrinken lösen. Am besten wenden beide - Testperson und Tester - diese Korrekturtechniken an (weitere Hinweise, wie man blockierte Muskeln lösen kann, finden Sie auf Seite 115).
- Hat der Indikatormuskel beim Abfahren des Meridians in die verkehrte Richtung abgeschaltet, fahren Sie das Zentralgefäß bei der Testperson wieder in die richtige Richtung, also von unten nach oben, nach.
Testen Sie dann erneut den IM - er sollte jetzt wieder angeschaltet sein.

Übung macht den Meister - das gilt auch fürs Muskeltesten. Je mehr Erfahrungen Sie sammeln, desto sicherer werden Sie im Umgang mit diesem Instrument.

Wenn der IM umgekehrt reagiert

Es kann bei diesem Test auch vorkommen, daß der IM gerade umgekehrt reagiert, als er dies normalerweise tun sollte: Dann würde der Indikatormuskel abschalten, obwohl Sie den Meridian in die richtige Richtung entlanggefahren sind, und anschalten, wenn Sie den Meridian falsch entlanggefahren sind. Solche umgekehrten Reaktionen sind meistens streßbedingt. Vielleicht ist die Testperson gerade von einem anstrengenden Termin gekommen oder hatte einen hektischen Tag. In diesem Fall »bürsten« Sie den Meridian:

- Sie fahren ihn einige Male vom Schambein zur Unterlippe hoch und dann wieder von der Unterlippe zum Schambein hinunter. Beenden Sie das Bürsten mit der korrekten Verlaufsrichtung des Meridians (vom Schambein zur Unterlippe).
- Jetzt wiederholen Sie die ersten beiden Schritte.
- Fahren Sie dann abschließend wieder zwei- bis dreimal in die richtige Richtung, und jetzt sollte der IM beim Test wieder stark sein. Jetzt können Sie das Gouverneursgefäß testen.

Verschiedene Stressoren wie anstrengende, gehirnermüdende Tätigkeiten (langes Autofahren, konzentriertes Zuhören) oder auch schmerzende Schulterverspannungen können eine Meridianumkehr auslösen.

So testen Sie das Gouverneursgefäß

- Sie fahren das Gouverneursgefäß zwei- bis dreimal von der Steißbeinspitze über den Hinterkopf bis zur Oberlippe entlang: Der IM sollte halten.
- Dann fahren Sie den Meridian in die umgekehrte Richtung ab, also von der Oberlippe in Richtung Steißbeinspitze. Jetzt sollte der IM abschalten.
- Falls das Testergebnis genau umgekehrt ist, korrigieren Sie mit dem Meridianbürsten. Sie bürsten in diesem Fall vom Steißbein zur Oberlippe und wieder zurück. Sie hören dabei mit der »richtigen« Richtung (Steißbein zur Oberlippe) auf.
- Anschließend fahren Sie nochmals zwei- bis dreimal den Meridian vom Steißbein zur Oberlippe entlang und testen dann den IM. Er sollte jetzt halten.
- Dann fahren Sie in die »verkehrte« Richtung (Oberlippe zum Steißbein) - der IM sollte abschalten.
- Falls der Muskel in beiden Richtungen hält, korrigieren Sie mit der Cook- oder der ESR-Übung. Gegebenenfalls wenden Sie die Techniken bei blockiertem Muskel (siehe Seite 146) an.

Der Ja-Nein-Test

Sie haben in den vorangegangenen Tests festgestellt, daß der Indikatormuskel angeschaltet und testbar ist.
Dann können Sie mit dem nächsten Vortest, dem Ja-Nein-Test, weitermachen.

So führen Sie den Ja-Nein-Test aus

- Die Testperson sagt laut und deutlich »ja«, worauf Sie den IM testen. Üblicherweise reagiert er dabei stark.
- Lassen Sie jetzt die Testperson »nein« sagen und testen dann: In der Regel ist der IM abgeschaltet.
- So stellen Sie fest, ob der Biocomputer der Testperson Ihnen auf Fragen korrekte Ja- oder Nein-Antworten liefern kann. Falls der Ja-Nein-Test nicht funktioniert, korrigieren Sie mit den Techniken für blockierte Muskeln (siehe Seite 146).

Falls Sie vom »Biocomputer« Ihres Testpartners keine Erlaubnis zum Muskeltesten erhalten, probieren Sie es bei einer anderen Gelegenheit erneut.

Der Erlaubnis-Test

Auf die Ja-Nein-Technik greifen wir beim letzten Vortest, dem Erlaubnis-Test, zurück.

So führen Sie den Erlaubnis-Test aus

- Stellen Sie der Testperson folgende Frage: »Es ist in Ordnung, daß wir jetzt zusammen muskeltesten?«
- Je nachdem, was Sie testen möchten, können Sie auch genauer formulieren, zum Beispiel: »Es ist in Ordnung, daß wir jetzt zusammen Bach-Blüten austesten?« oder »Es ist in Ordnung, daß wir jetzt zusammen mit der Farbenbalance arbeiten?« Auf diese Fragen braucht die Testperson nicht verbal zu antworten. Ihre »Antwort« ist die Muskelreaktion.
- Stellen Sie die jeweils passende Frage, und testen Sie gleich danach den IM. Ein angeschalteter IM bedeutet »ja«, ein abgeschalteter IM heißt »nein«.
- Falls Sie ein »ja« erhalten, testen Sie nach mit der Gegenfrage: »Spricht etwas dagegen, daß wir jetzt zusammen muskeltesten?« Testen Sie gleich nach der Frage den IM der Testperson, der jetzt eigentlich abschalten sollte, sofern er testbar ist. Denn die Antwort auf die Frage sollte »nein« lauten.
- Hält der IM, kann das zwei Bedeutungen haben:

Fall eins: Der Muskel ist testbar, und die Antwort ist »ja«. Das

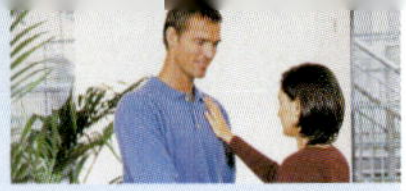

würde bedeuten, daß etwas dagegen spricht, jetzt Muskeln zu testen. Dann könnten Sie mit der ESR- oder Cook-Technik korrigieren. Falls Sie dennoch keine Erlaubnis bekommen sollten, testen Sie jetzt nicht, sondern versuchen Sie es an einem anderen Tag noch einmal.
Fall zwei: Der Muskel ist blockiert und somit nicht testbar.

- Um festzustellen, ob der starke IM einen blockierten Muskel anzeigt oder die Gegenfrage tatsächlich mit »ja« beantwortet wird, sagen Sie jetzt: »Gib mir ein Ja« und testen den IM. Dann sollte er halten.
- Sagen Sie dann »Gib mir ein Nein« und testen den IM. Dann sollte er abschalten. In diesem Fall ist der Muskel testbar (Fall eins).

Falls Sie trotz Vortests und den gezeigten Korrekturmöglichkeiten für blockierte Muskeln keinen testbaren Indikatormuskel bei der Testperson feststellen können, sollten Sie nicht mit dem Muskeltest arbeiten. In TfH-Kursen können Sie und Ihr Testpartner lernen, wie Sie muskeltesten.

Die Gegenfrage gibt Ihnen eine zusätzliche Möglichkeit festzustellen, ob der Indikatormuskel der Testperson testbar oder blockiert ist. Wäre er blockiert und Sie stellten eine Frage, bei der der IM hält, würden Sie die Antwort als »ja« interpretieren. Der Biocomputer gibt aber im blockierten Zustand keine »Antwort«, weil dann die Muskeln nicht testbar sind. Sie müssen auf jeden Fall sicherstellen, daß Sie einen testbaren IM haben, der korrekt an- und abschaltet, denn sonst könnten alle Antworten, die Sie erhalten, falsch sein.

Was tun bei blockiertem Testmuskel?

Vielleicht haben Sie die Vortests schon gemacht, und alles hat prima geklappt. Vielleicht sind Sie aber auch auf Schwierigkeiten gestoßen? So kann es zum Beispiel vorkommen, daß der Indikatormuskel bei der Testperson keine Reaktion auf eine Schwächung, zum Beispiel das Entlangfahren des Zentralgefäßes in die falsche Verlaufsrichtung, zeigt. Der Muskel wäre dann blockiert. Ein blockierter Muskel reagiert immer so, als ob er angeschaltet wäre. Darum ist er nicht testbar.
Für das Blockieren von Muskeln gibt es verschiedene Gründe: Emotionaler Streß oder körperliche Überanstrengung können die Ursache sein. Aber auch ein Energieungleichgewicht im zum Muskel gehörigen Meridian kommt dabei in Frage.

So korrigieren Sie einen untestbaren Muskel

Falls Sie einen blockierten IM vermuten, müssen Sie, bevor Sie weitertesten, auf jeden Fall verschiedene Korrekturtechniken anwenden. Das gilt auch für den Fall, daß der IM ständig abschaltet. Hier einige Vorschläge, was Sie dann tun können:

- Die Testperson macht die Cook-Übung (siehe Seite 74). Dadurch lösen sich Energieungleichgewichte auf, und emotionaler Streß wird abgebaut.
- Die Testperson macht die ESR-Übung (siehe Seite 80): Dadurch wird emotionaler Streß abgebaut. Vielleicht ist es für die Testperson im Moment ein Streßfaktor, beim Muskeltest berührt zu werden, oder Sie empfindet einen abgeschalteten Muskel als »Schwäche«, möchte aber nicht »schwach« sein. Möglicherweise kreisen die Gedanken der Testperson auch um ein bestimmtes Problem, das sie nicht loslassen kann. Dann sollte sie in der ESR-Position ruhig darüber nachdenken und dabei tief und gleichmäßig atmen. Wenn die Testperson möchte, kann sie laut oder in Gedanken folgenden Satz dabei sagen: »Ich bin hier, und ich bin testbar.« Sie können die ESR-Übung auch als Partnerübung machen und Ihre Hände auf die Stirnbeinhöcker und den Hinterkopf der Testperson legen, während diese über ihr Problem nachdenkt.
- Den Testmuskel entspannen: Halten Sie als Tester den IM Ihres Partners in der Testposition, so als ob Sie jetzt gleich muskeltesten wollten. Ihr Testpartner drückt jetzt beim Ausatmen mit circa 20 Prozent seiner Kraft den Muskel selbst in die Testrichtung. Sie als Tester drücken aber so fest dagegen, daß der Muskel in seiner Testposition gehalten wird. Wiederholen Sie diesen Ablauf ungefähr fünfmal.
- Bei einem blockierten Muskel kann es auch hilfreich sein, ein paar tiefe Atemzüge zu machen und etwas stilles Mineralwasser zu trinken.

Wenn Sie eine dieser Korrekturtechniken oder mehrere davon angewendet haben, testen Sie erneut, ob der Indikatormuskel der Testperson jetzt alle Vortests »besteht«. Wenn dies der Fall ist, wird der Muskel jetzt testbar und nicht mehr blockiert sein.

Das Entlangfahren des Zentral- oder Gouverneursgefäßes in der falschen Flußrichtung ist eine »Abschaltmethode«. Ein blockierter Muskel reagiert darauf aber nicht.

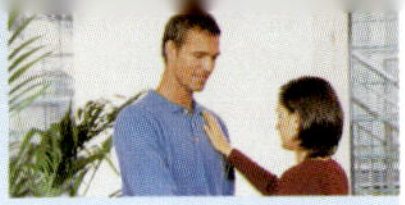

Muskeltesten mit Kindern

Wenn Sie bei Ihrem Kind muskeltesten möchten, sollte es mindestens sechs Jahre alt sein. Kleinere Kinder sind in der Regel zu ungeduldig.
Achten Sie aber in jedem Fall darauf, daß Sie Ihre Kraft der Kraft Ihres Kindes anpassen und den Muskeltest sanft durchführen. Zwingen Sie Ihr Kind nicht zum Muskeltesten, und seien Sie beim Testen geduldig. Wir empfehlen, den Muskeltest mit Kindern nur zu machen, wenn Sie bereits Muskeltest-Erfahrung in Kursen gesammelt haben.

Muskeltest und Bach-Blüten

!

Bach-Blüten sind 37 Blütenessenzen und eine Essenz »Rock Water«, die aus reinem Quellwasser hergestellt wird.

Wie wir bereits wissen, setzt der kinesiologisch arbeitende Therapeut den Muskeltest nicht nur zur Therapie ein, sondern auch, um herauszufinden, was der Organismus des Patienten braucht, um wieder ins Gleichgewicht zu kommen. Weil die Kinesiologie in erster Linie Naturheilverfahren anwendet, können das zum Beispiel homöopathische Arzneien oder auch Bach-Blüten sein. Wir zeigen Ihnen hier, wie Sie mit Hilfe des Muskeltests für sich selbst geeignete Bach-Blüten bestimmen können.

Was sind Bach-Blüten?

Bach-Blüten sind sanfte, natürliche, in Alkohol gelöste Essenzen verschiedener Blüten. Diese Blüten wurden von dem englischen Arzt Dr. Edward Bach (1886 bis 1936) in ihren Wirkungen entdeckt und zusammengestellt.
Dr. Bach war auf der Suche nach neuen, natürlichen und ganzheitlichen Heilmitteln, die geeignet wären, jedem Menschen dabei zu helfen, seine Persönlichkeit zu entwickeln. Aus seiner praktischen Erfahrung als Arzt schloß Dr. Bach, daß körperliche Symptome häufig Ausdruck bestimmter seelischer Konfliktsituationen seien (»Heile die kranke Persönlichkeit, und der Körper folgt von selbst«). Bach war sich sicher, daß es in der freien Natur für jeden seelischen Grundkonflikt des Menschen eine Blüte gebe, die mit ihren feinstofflichen Schwingungen geeignet sei, den einzelnen dazu zu befähigen, seine Probleme zu erkennen und zu lösen. Intuitiv erspürte Dr. Bach die Schwingungen einzelner Blüten und setzte sie in Beziehung zu menschlichen Seelenzu-

ständen. So fand er zum Beispiel heraus, daß die Blüte der Lärche hilft, Selbstvertrauen zu gewinnen, oder die Blütenessenz des Olivenbaums, neue Kräfte zu sammeln, wenn man sich leer und ausgelaugt fühlt. (Weiterführende Literatur zum Thema Bach-Blüten finden Sie auf siehe Seite 154).

Bach-Blüten austesten

Um Bach-Blüten für Ihren privaten Gebrauch anwenden zu können, müssen Sie nicht unbedingt mit dem Muskeltest arbeiten. Es gibt auch andere Methoden, die Blüten zu finden, die Ihnen in Ihrer aktuellen Lage am besten helfen können. So können Sie zum Beispiel Ihren gegenwärtigen Gemütszustand analysieren und die dazu passende Blüte aussuchen. Das ist aber unter Umständen gar nicht so einfach, weil Sie sich mit Sicherheit in vielen Blüten wiedererkennen werden und dann unsicher sind, welche Blüte oder wie viele Blütenessenzen Sie eigentlich benötigen.
Mit dem Muskeltest zapfen Sie direkt Ihren Biocomputer an, der am besten weiß, was Ihnen im Moment fehlt. Sie umgehen damit auch das Problem, bei der Suche nach der passenden Blüte sich selbst gegenüber vielleicht nicht ganz ehrlich zu sein.

TIP

Sie erhalten die Bach-Blütenessenzen in kleinen Fläschchen als komplettes Sortiment, manchmal auch einzeln, in der Apotheke. Achten Sie auf Preisunterschiede!

So testen Sie Bach-Blüten

- Beim Austesten von Bach-Blüten legen wir die Fläschchen mit den Blütenessenzen auf den Bereich rund um den Bauchnabel des Testpartners, weil der Körper an dieser Stelle die feinstofflichen Schwingungen der Essenzen besonders intensiv wahrnimmt. Der Organismus kann die Schwingungen durch das Glas der Flasche aufnehmen.
- Bevor Sie damit beginnen, Blütenessenzen auszutesten, machen Sie bitte die oben beschriebenen Vortests:

- Sie überprüfen das Zentral- und das Gouverneursgefäß
- Sie machen den Switching-Test
- Sie machen den Wassertest
- Sie machen den Ja-Nein-Test
- Sie holen sich die Erlaubnis von Ihrem Testpartner, Bach-Blüten auszutesten:

Dabei sagen Sie laut: »Es ist in Ordnung, daß wir jetzt zusammen Bach-Blüten austesten.«

Dann testen Sie den IM Ihres Partners. Er sollte halten. Falls nicht, korrigieren Sie mit der Cook- und/oder ESR-Übung. Stellen Sie dann die Gegenfrage: »Es spricht etwas dagegen, daß wir jetzt zusammen Bach-Blüten testen«. Dann testen Sie wieder den IM. Jetzt sollte er abschalten; falls nicht, korrigieren Sie erneut. Sollten Sie trotz der Korrektur keine Testerlaubnis bekommen, testen Sie im Moment keine Bach-Blüten aus, und versuchen Sie es ein anderes Mal.

- Falls Sie die Testerlaubnis haben, können Sie jetzt Bach-Blüten austesten.

Sie beginnen mit folgendem Satz: »Die passenden Bach-Blüten zeigen an durch Anschalten des IM«. Testen Sie dann den IM; er sollte stark bleiben.

- Halten Sie nun vier bis fünf der Blütenessenzen-Fläschchen in Höhe des Bauchnabels auf den Bauch Ihres Testpartners. Kleidung stört dabei nicht.
- Testen Sie dann den IM. Schaltet der IM ab, ist keine im Moment geeignete Bach-Blüte dabei.
- Nehmen Sie jetzt die nächsten vier bis fünf Fläschchen und testen sie. Schaltet der IM an, heißt das, daß sich mindestens eine geeignete Bach-Blüte unter den Testfläschchen befindet.
- In diesem Fall testen Sie die Fläschchen einzeln durch, indem Sie je eines auf den Bauch des Testpartners halten. Reagiert der IM bei einer Blüte oder mehreren stark, heißt das, daß sie für seinen Organismus im Moment erforderlich sind. Nach diesem Prinzip testen Sie alle Bach-Blüten durch.
- Möglicherweise erhalten Sie auf mehrere Blüten eine positive Antwort des IM. Sollten es mehr als sechs Blüten sein, die ansprechen, sagen Sie laut: »Es zeigen sich maximal sechs Prioritäten.«
- Testen Sie nun noch einmal die herausgefundenen Essenzen aus, indem Sie die Fläschchen einzeln auf den Bauch der Testperson halten und dabei den IM testen. Ein Anschalten des IM zeigt, welche Blüte Priorität hat; ein Abschalten zeigt an, auf welche Essenz Sie am ehesten verzichten können.
- Nachdem Sie so die für Ihren Testpartner im Moment passenden Blüten gefunden haben, wenden Sie die Essenzen an, wie sie in der angegebenen Literatur beschrieben sind.

TIP

In der Apotheke auch einzeln erhältlich: Dr. Bachs Rescue Remedy - flüssig als »Notfalltropfen« oder in Salbenform. Notfalltropfen oder Notfallsalbe sind für Schock- oder extreme Streßsituationen geeignet. Die Notfallsalbe hilft auch bei Schwellungen durch Insektenstiche oder Beulen, sollte aber möglichst sofort nach dem »Unfall« aufgetragen werden.

Farbenbalance mit Muskeltest

Wir zeigen Ihnen jetzt, wie Sie die Übung Farbenbalance (siehe Seite 76) mit dem Muskeltest kombinieren können.

So führen Sie die Übung aus

- Machen Sie zuerst die Vortests und - falls nötig - die Korrekturen bei blockiertem Muskel (Seite 146).
Beim Erlaubnistest fragen Sie Ihren Testpartner: »Es ist in Ordnung, daß wir jetzt zusammen mit der Farbenbalance arbeiten?« Dann testen Sie den IM Ihres Partners. Er sollte halten. Falls nicht, korrigieren Sie mit der Cook- und/oder der ESR-Übung. Die Gegenfrage lautet: »Es spricht etwas dagegen, daß wir jetzt zusammen mit der Farbenbalance arbeiten?« Testen Sie erneut den IM. Er sollte jetzt abschalten; falls nicht, korrigieren Sie wieder. Sollten Sie trotz Korrektur keine Testerlaubnis bekommen, machen Sie die Übung ohne Muskeltest, und testen Sie später nochmals.
- Bei starkem IM testen Sie jetzt die Farben zuerst in der Reihenfolge des Sheng-Zyklus. Sobald eine Farbe den IM zum Abschalten bringt, machen Sie zuerst die unten beschriebene Korrektur, bevor Sie eine weitere Farbe testen.
- Testen Sie nun die Farben in der Reihenfolge des Ko-Zyklus durch.

Wenn Sie die Farbenbalance mit dem Muskeltest kombinieren, können Sie austesten, welche Farbe bei Ihnen im Moment Streß auslöst.

Korrektur bei abgeschaltetem Muskel

Führt eine Farbe im Sheng- oder Ko-Zyklus zum Abschalten des IM, gehen Sie folgendermaßen vor:

- Sie halten bei Ihrem Testpartner Stirnbeinhöcker und Hinterkopf (ESR-Position, Seite 80), während dieser die für ihn problematische Farbe ansieht. Ihr Testpartner kann sich währenddessen gedanklich mit der Bedeutung der Farbe (Seite 77) beschäftigen.
- Testen Sie dann den IM erneut, während Ihr Partner auf die kritische Farbe blickt. Bleibt der Muskel jetzt stark, machen Sie mit der nächsten Farbe im Zyklus weiter. Schaltet er wieder ab, wiederholen Sie diese Korrektur.
- Sollte der IM bei einer der Farben im Sheng- oder Ko-Zyklus abgeschaltet haben, testen Sie nach der Korrektur den ganzen Zyklus nochmals von vorn durch.

Diese Übersicht kann Ihnen dabei helfen, die im Moment für Sie geeignete Übung schneller zu finden. Selbstverständlich können Sie jederzeit alle hier aufgeführten Übungen machen, wenn Sie das Bedürfnis dazu haben.

Empfehlenswerte Übungen für bestimmte Lebenssituationen

	Übung	Seite
Babys	Geburtsstreß abbauen bei Mutter und Kind	90
	Alles anschalten	34
	Blähungen lösen	91
	Bauchschmerzen lindern	91
	ESR-Übung	80
	Liegende Acht passiv	93
	Meridianmassage	46
	Meridiandusche	63
	Nagelmassage	66
	Neurovaskuläre Punkte berühren	106
	Neurolymphatische Punkte massieren	102
	Ohren ausstreichen	40
	Überkreuzbewegung passiv	93
	Tageszeitbalance	41
Kinder und Jugendliche mit den Eltern	Alles anschalten	34
	Bauchschmerzen lindern	91
	Schulstreß loslassen (ESR)	95
	Farbenbalance	76
	Liegende Acht passiv	93
	Meridianmassage	46
	Meridiandusche	63
	Nagelmassage	66
	Neurolymphatische Punkte massieren	102
	Neurovaskuläre Punkte berühren	106
	Tageszeitbalance	41
	Überkreuzbewegungen	70
Kinder ohne die Eltern	Alles anschalten	34
	Farbenbalance	76
	Meridianmassage	46
	Meridiandusche	63
	Nagelmassage	66
	Schulstreß loslassen (ESR)	95
	Tageszeitbalance	41

	Übung	Seite
Kinder ohne die Eltern (Fortsetzung)	Augen einschalten	37
	Gorilla	97
	Tiger	99
	Ohren ausstreichen	40
	Leichter ans Ziel kommen	84
	Schutzschild aufbauen	67
	Überkreuzbewegungen	70
Schwangere	Alles anschalten	34
	Ängste abbauen mit ESR	88
	Cook-Übung (eventuell im Liegen)	74
	ESR zur Geburtsvorbereitung	88
	Farbenbalance	76
	Leichter ans Ziel kommen	84
	Meridianmassage	46
	Meridiandusche	63
	Nagelmassage	66
	Neurolymphatische Punkte massieren	102
	Neurovaskuläre Punkte berühren	106
	Tageszeitbalance	41
	Überkreuzbewegungen	70
	Kiefergelenkentspannung	114
	Muskelverspannungen auflösen	115
Ältere Menschen	Alles anschalten	34
	Cook-Übung	74
	ESR-Übung	80
	Farbenbalance	76
	Meridianmassage	46
	Meridiandusche	63
	Nagelmassage	66
	Neurolymphatische Punkte massieren	102
	Neurovaskuläre Pukte berühren	106
	Tageszeitbalance	41
	Überkreuzbewegung	70
	Ohren ausstreichen	40

Die Kinesiologie hat immer den ganzen Menschen im Auge. Sie orientiert sich nicht in erster Linie an Krankheitssymptomen, sondern versucht den Menschen als Einheit von Körper, Seele und Geist wieder ins Gleichgewicht zu bringen. Ist die Balance innerhalb der Triade der Gesundheit wiederhergestellt, besteht die Chance, daß sich auch die ursprünglichen Beschwerden verlieren. Behalten Sie immer alle drei Ebenen im Auge, falls sich bei Ihnen gesundheitliche Probleme zeigen sollten.

Bücher, die weiterhelfen

Dahlke, R: Krankheit als Sprache der Seele, Bertelsmann Verlag, München

Dennison, Dr. P.E.: Befreite Bahnen, Verlag für Angewandte Kinesiologie (VAK), Freiburg

Dennison, Dr. P.E./ Dennison, G.: Brain Gym Lehrerhandbuch, Verlag für Angewandte Kinesiologie (VAK), Freiburg

La Tourelle, M./ Courtenay, A.: Was ist Angewandte Kinesiologie? Verlag für Angewandte Kinesiologie (VAK), Freiburg

Hay, L.: Heile Deinen Körper, Alf Lüchow Verlag, Freiburg

Koneberg, L./ Förder, G.: Kinesiologie für Kinder, Gräfe und Unzer Verlag, München

Lesch, M./ Förder, G.: Kinesiologie, Gräfe und Unzer Verlag, München

Meixner, S./ Tumpold E.: Arbeitsmappe »Kinder aufs Lernen vorbereiten im Kindergarten«, hpt Verlagsgesellschaft, Wien
(enthält die Übungen »Tiger« und »Gorilla«, die mit freundlicher Genehmigung des htp-Verlags daraus entnommen wurden)

Schmidt, S.: Innere Harmonie durch Bach-Blüten, Gräfe und Unzer Verlag, München

Stokes, G./ Whiteside, D.: Tools of the Trade: Three in One Concepts-Workshop Buch,
Verlag für Angewandte Kinesiologie, Freiburg

Stokes, G./ Whiteside, D.: One Brain: Leichter lernen durch Gehirnintegration, Workshop Buch, Verlag für Angewandte Kinesiologie, Freiburg

Thie, Dr. J.F.: Gesund durch Berühren, Irisiana/Hugendubel Verlag, München

Wagner, Dr. F.: Akupressur, Gräfe und Unzer Verlag, München

Wühr, Dr. E.: Gesund durch Chinesische Heilkunst, Gräfe und Unzer Verlag, München

Farbkarte zur Übung Farbenbalance von Rosemarie Sonderegger-Studer, DIN-A4-Format, laminiert; zu beziehen über IKZ (siehe Adressen, die weiterhelfen)

Adressen, die weiterhelfen

Institut und Verlag für Angewandte Kinesiologie GmbH
Freiburg
Eschbachstr. 5
79199 Kirchzarten
IAK Tel.: 07661/9871- 0,
Fax: 07661/9871-49
VAK Tel.: 07661/987150,
Fax: 07661/987199
e-mail: Vakbest@ aol.com
Dort gibt es eine Namensliste von kinesiologisch arbeitenden Ärzten, Heilpraktikern, Zahnärzten, Pädagogen und anderen Kinesiologie-Anwendern.
Das Institut für Angewandte Kinesiologie bietet ein umfangreiches kinesiologisches Kursprogramm für Laien und Therapeuten, welches Sie gegen einen mit 4,- DM frankierten DIN-A4-Rückumschlag beziehen können.

»Chiron«
Arbeitskreis für Angewandte Kinesiologie Stuttgart
Else Louis
Büro: Petra Britzelmayr, Löwentorstraße 45, 70191 Stuttgart
Tel.: 0711/8106348 (ab 19 Uhr)
Arbeitskreis für Gesunderhaltung
Gabriele Neuenfeld
Büro: Lucia Welsch, Lessingstraße 61, 72770 Reutlingen,
Tel. 07121/509933
Fax: 07121/339988 (montags, freitags 13.30 - 15.00 Uhr, mittwochs 18.00 - 20.00 Uhr)
Die beiden unter dem Namen »Chiron« zusammengeschlossenen Arbeitskreise bieten ein gemeinsames Programm aus Kinesiologie, Autogenem Training, Cranio-sacraler-Therapie sowie Steinheilkunde an. Das Angebot wendet sich an Laien und Therapeuten. Gegen einen mit 3,- DM frankierten C5-Rückumschlag erhalten Sie von den Büros ein Programmheft von Chiron.

Institut für Kinesiologie Zürich (IKZ)
Rosemarie Sonderegger-Studer,
Konradstraße 32, CH 8005
Zürich, Tel.: 0041/(0) 14474515,
Fax: 0041/(0) 144/4510
http:// www.Integrative Kinesiologie.ch
e-mail: ikz@ integrativekinesiologie.Ch

Touch for Health Foundation:
P.O. Box 5547, Sherman Oaks,
CA 91413-5547 USA

Three In One Concepts
2001 West Magnolia Boulevard
Suite B, Burbank, CA. 91506 - 1704, USA
Tel.: 001 818-841-4786
Fax: 001 818-841- 0007

Sachregister

GESUNDHEIT

Der neue große Familien-Ratgeber

Gesund werden und gesund bleiben mit dem neuen umfassenden Standardwerk über Gesundheit und Krankheit für die ganze Familie

- Ganzheitlich: Rat und Hilfe aus Schulmedizin und Naturheilkunde
- Vorbeugung und Selbsthilfe: Hausmittel, sanfte Heilmethoden, praktische Übungsprogramme
- Beschwerdentabelle: Symptome erkennen – richtig handeln
- Krankheiten: Ursachen, Symptome, ärztliche Behandlung
- Erste Hilfe in Notfällen

816 Seiten, mit ca. 550 Farbfotos und Zeichnungen.
ISBN 3-7742-3089-7
69,90 DM.

G|U

Impressum

Redaktion
Ilona Daiker
Lektorat
Michael Kurth
Layout
Vision Creativ, München
Gesamtgestaltung und Satz
media.a, München,
Ludger Vorfeld
Herstellung
Susanne Mühldorfer
Repro
PHG Litho, Planegg
Druck und Bindung
Kaufmann, Lahr

Übungsfotos
Ingolf Hatz
Illustrationen
Heidemarie Vignati

Weitere Fotos
Bavaria, Umschlag vorne
Hans Reinhard/Bavaria, Umschlagklappe vorne oben, Seite 2, 6

Umwelthinweis
Dieses Buch wurde auf chlorfrei gebleichtem Papier gedruckt. Um Rohstoffe zu sparen, haben wir auf Folienverpackung verzichtet.

ISBN 3-7742-2942-2

Auflage	4.	3.	2.
Jahr	2002	01	00

Das Original mit Garantie

Ihre Meinung ist uns wichtig. Deshalb möchten wir Ihre Kritik, gerne aber auch Ihr Lob erfahren, um als führender Ratgeberverlag für Sie noch besser zu werden. Darum: Schreiben Sie uns! Wir freuen uns auf Ihre Post und wünschen Ihnen viel Spaß mit Ihrem GU-Ratgeber.

Unsere Garantie: Sollte ein GU-Ratgeber einmal einen Fehler enthalten, schicken Sie uns bitte das Buch mit einem kleinen Hinweis und der Quittung innerhalb von sechs Monaten nach dem Kauf zurück. Wir tauschen Ihnen den GU-Ratgeber gegen einen anderen zum gleichen oder ähnlichen Thema um.

Ihr Gräfe und Unzer Verlag
Redaktion Kochen
Postfach 86 03 25
81630 München
Fax: 089/41981-113
e-mail: leserservice@graefe-und-unzer.de